중국어 8 先生

<팔선생>은 누구나 **쉽고 재미있게 접근할 수 있는 교재**입니다.
<팔선생>을 통해 즐겁게 중국어와 중국문화를 공부하시고 경험하시길 바랍니다.

八先生 중국어 - Vol.2 기본중심
© Carrot House

All rights reserved. No part of this publication may be reproduced, stored in a retrieval system, or transmitted in any form or by any means without the prior permission in writing of Carrot House.

Printed: August 2019
Reprinted: June 2025
Author: Carrot Language Lab

ISBN 978-89-6732-301-1

Printed and distributed in Korea
268-20 Itaewon-ro, Hannam-dong, Yongsan-gu, Seoul, Korea

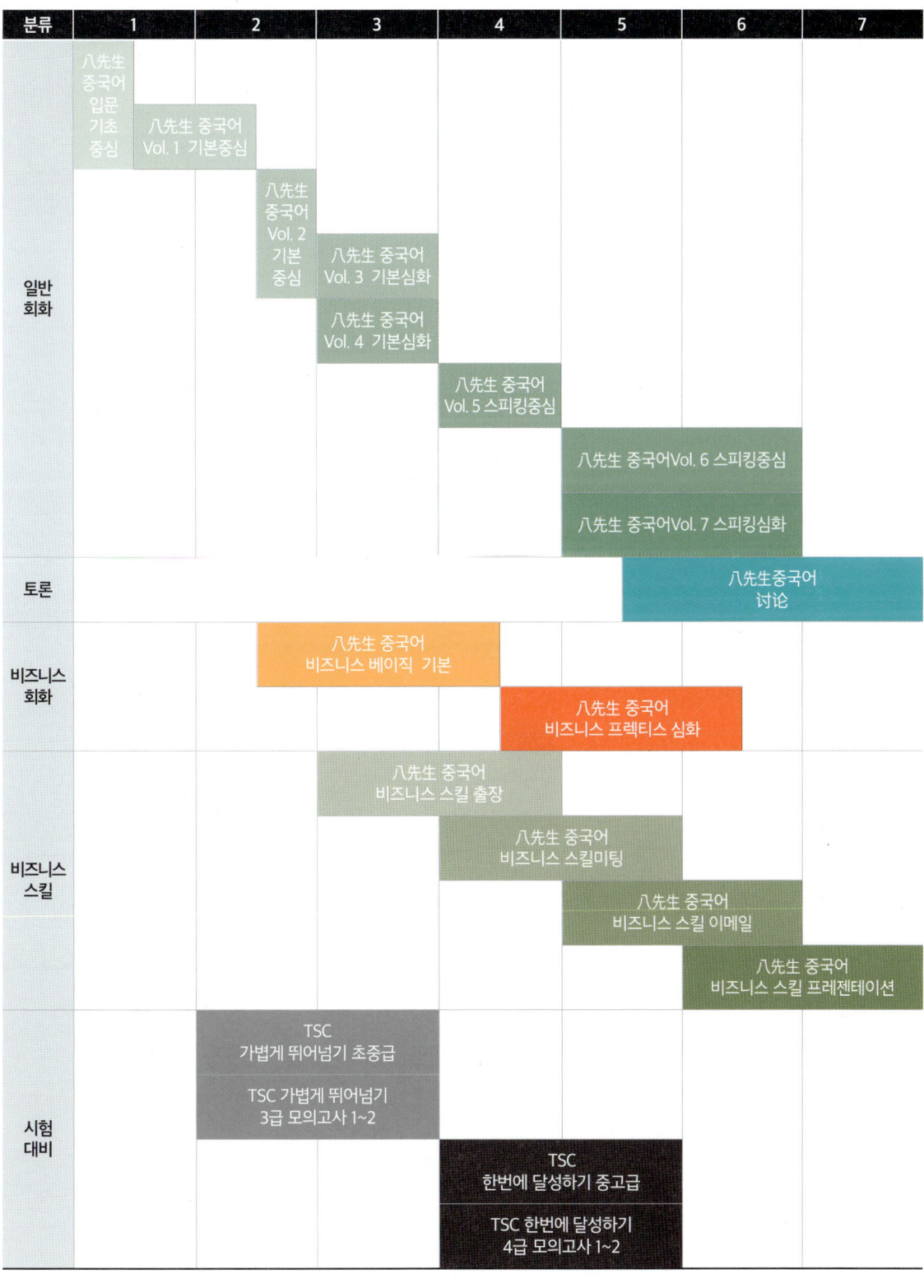

중국에 대한 이해

중국(中国)은 본래 고대 중원 지방을 뜻하였으나, 현재는 나라의 이름을 뜻하는 고유명사이다. 중국의 정확한 국명은 '중화인민공화국(中华人民共和国)'이며 1949년 10월 1일에 건국되었다.

- **중문 국명** | 中华人民共和国(중화인민공화국)
- **영문 국명** | The People's Republic of China(P.R.C.)
- **국명 약칭** | 中国(China)
- **수도** | 북경(北京)
- **건국일** | 10월 1일
- **표준어** | 한어(汉语) 또는 보통화(普通话)
- **화폐** | 인민폐(RMB)
- **시차** | 한국보다 1시간 느림
- **정치 제도** | 인민공화국(입헌공화제)
- **인구** | 약 13억 7천 만명
- **민족 구성** | 한족(汉族), 장족(壮族), 만주족(满族) 등 56개 민족
- **주요 종교** | 불교, 도교, 기독교, 회교
- **국토 면적** | 959만 6960 제곱 킬로미터

❶ 캐럿 하우스 방법론 - 성인 교육학 접근 및 생산적인 중국어와의 관계

교육학은 학습자들로 하여금 생각을 한 곳으로 모으게 하고 학습 훈련을 지속적으로 강화하는데 그 목적이 있습니다. 아이들을 가르치는 교학과 성인을 가르치는 학습의 특징 및 과정은 분명 다릅니다. 성인 교육은 상대적으로 자유로운 학습 환경을 제공하는 교육 분야라고 볼 수 있습니다. 그렇기 때문에 다양한 생각과 행동적 학습이론을 추구할 수 있고 학습자들은 자발적으로 지속적인 학습이 가능한 대상이 될 수 있습니다.

사실, 대다수의 사람들은 외국어를 학습할 때 대화의 완성도를 완벽하게 만들어 내기 위해 노력하고 있습니다. 특히, 구술 및 작문 영역에 있어서 언어를 활용한 생산적 기술을 잘 갖추게 된다면 그들은 중국어로 소통하는 장에서 자신의 역량을 마음껏 발휘할 수 있을 것입니다. 그리고 바로 이 점이 학습자들의 생산적인 기술을 향상시킨 캐럿 하우스 커리큘럼만의 비결이라고 생각합니다. 캐럿 하우스 커리큘럼이 제시하는 성인 학습의 특징은 치열한 경쟁 시대 속에서 학습자들이 생산적인 외국어 학습을 위해 소통의 스킬을 스스로 성취할 수 있도록 역량을 키울 수 있도록 한다는 점입니다. 이렇듯, 캐럿 하우스의 교수철학과 커리큘럼은 모든 중국어 학습자들의 "성공을 위한 언어" 라는 목표를 이룰 수 있도록 구성되어 있습니다.

❷ 공동체 언어학습법

언어습득의 필수 요소인 공동체 언어학습법은 숙련된 강사가 학습자가 이해할 수 있는 강의안을 제공하고 학습자 각자가 가지고 있는 문제 및 상황을 그대로 받아들이고 이해하는 상호 작용 속에서 언어 학습을 진행하는 방법입니다. 이 때, 학습자들은 자신에게 주어진 학습 기회를 최대한 활용할 수 있습니다. 특히, 공동체 언어학습법은 외국어 음운학 분야에서 응용하고 있는 방법으로, 언어를 보다 실용적으로, 보다 확실하게, 보다 기술적으로 사용하기 위한 학습자들에게 최적화 되어 있다고 볼 수 있습니다.

책의 특징

01 핵심만 쏙! 뽑아 내공 탄탄
- 꼭 필요한 것만 배우고 싶은 당신
- 핵심만 콕 짚어 핵심내용 습득

02 실전에 강한 진짜! 중국어로 무장
- 실제로 통하는 진짜 중국어 습득
- HSK, TSC유형으로 연습문제 구성
- 복습을 통해 배운 내용 점검 가능

03 중국 문화부터 유용한 팁까지 한방에 훅!
- 중국인의 최신 문화 이야기 습득
- 풍부한 사진과 설명을 통한 실용 정보 습득

교재개요
Chapter Composition

팔선생 이야기

중국에서 先生(선생)은 영어 'Mr.'를 의미하며, 八(8)은 번영과 발전을
의미하는 发(發)와 발음이 비슷하여 중국에서는 누구나 좋아하는 숫자입니다.
八先生은 누구에게나 친숙하고 누구나 좋아하는 사람을 지칭하기도 하죠.
팔선생은 누구나 쉽고 재미있게 접근할 수 있는 교재입니다.
팔선생을 통해 즐겁게 중국어와 중국문화를 공부하시고 경험하시길 바랍니다.

| 이 책의 구성 & 활용 |

학습내용 소개

각 단원별 주요표현 및 주요어법에 대하여
간단히 소개하고 있습니다.

단어 및 팁

단어를 학습한 뒤 본문과 관련되어 더 알아두면 좋은 문화 내용을 정리하였습니다.

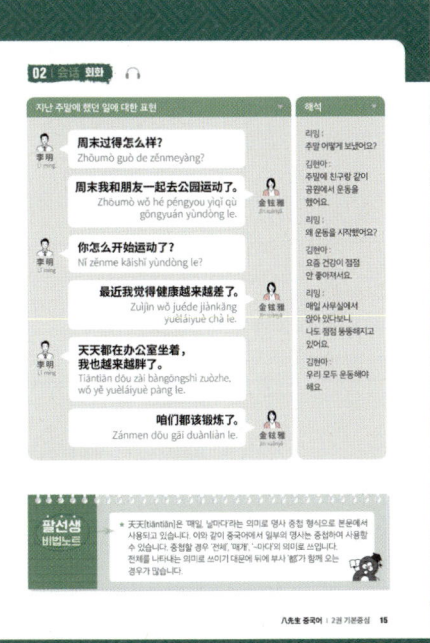

본문대화

현지 중국인들의 생생한 일상을 대화문으로 구성하였고 MP3를 듣고 따라 읽으면 자연스러운 중국어를 익힐 수 있습니다.

교체 연습

문형을 응용해서 단어를 바꿔가며 다양한 문장을 쉽고 재미있게 배워볼 수 있습니다.

어법

중국어의 핵심 어법이 간결하게 정리되어 있습니다.
주요 어법 지식을 학습합니다.

연습문제

본 책에서 배운 내용을 新HSK 3급 및 TSC 형식의 문제로 제시하였습니다. 문제를 통해 학습한 내용을 복습하고 중국어 시험 유형에도 익숙해질 수 있습니다.

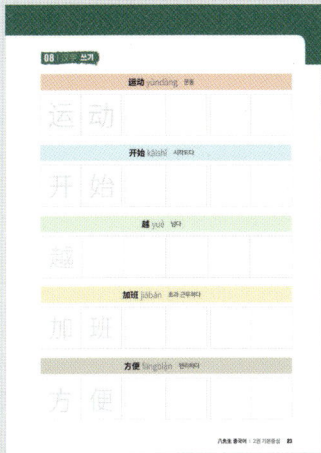

쓰기

주요 단어를 직접 써보며 쓰기 훈련을 할 수 있습니다.

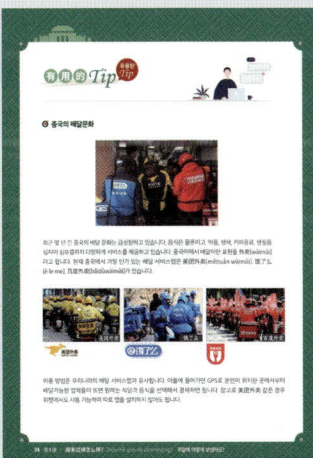

유용한 Tip

풍부한 사진과 설명을 통해 다양한 중국 문화를 이해할 수 있습니다.

목차

01 | 周末过得怎么样?　　주말에 어떻게 보냈어요?　　13

　　　주요표현 - 지난 주말에 했던 일과 운동 장소 관련된 표현
　　　주요어법 - 점점을 나타내는 '越来越' / '该~了' / '好久没' / '因为~所以~'

02 | 我得去机场接他们。　　나는 공항에 가서 그들을 마중 나가야 해요.　　25

　　　주요표현 - 휴가 신청 및 회사생활 관련된 표현
　　　주요어법 - 조동사 '得' / '可以' / 전치사 '对' / '多'

03 | 去年我们来过一次。　　작년에 한 번 온 적이 있어요.　　37

　　　주요표현 - 첫만남 인사와 안부 관련 표현
　　　주요어법 - 보량보어 / 겸어문 / '有时候' / '总是'

04 | 我每天学习两个小时。　　나는 매일 두 시간 공부해요.　　49

　　　주요표현 - 학습 및 근무 소요시간 묻고 답하기
　　　주요어법 - 시량보어 / '又要…又要' / '为了' / 가정을 나타내는 '如果…(的话), 就'

05 | 我以为是你姐姐呢。　　나는 당신 언니인 줄 알았어요.　　61

　　　주요표현 - 사진 속 인물 및 전경 관련 표현
　　　주요어법 - 'A就是B' / '以为' / 추가를 지닌 접속사 '而且' / 동시를 나타내는 '一边…一边'

복습 | 복습내용 - 第1课 ~ 第5课　　73

06 | 到时候见。 그 때 가서 봐요. 　　79

　　주요표현 - 전화 및 택시 관련된 표현
　　주요어법 - '左右' / '到时候' / 부사 '才'의 쓰임 / 전환을 나타내는 '可是'의 쓰임

07 | 电梯突然坏了。 엘리베이터가 갑자기 고장났어요. 　　91

　　주요표현 - 고장과 독서 관련된 표현
　　주요어법 - '突然' / '好不容易' / 'A是A, 不过' / '一A就B'

08 | 下周是我妈妈的生日。 다음 주는 어머니 생신이에요. 　　103

　　주요표현 - 생일 선물과 관련된 표현
　　주요어법 - '虽然…但是…' / '什么' / '只是' / 추측을 나타내는 '会'

09 | 秋天的香山美极了。 가을의 향산은 아주 아름다워요. 　　115

　　주요표현 - 경치와 관련된 표현
　　주요어법 - '为什么' / '的时候' / '主要是' / '跟…一样'

10 | 这是谁的报纸? 이것은 누구의 신문인가요? 　　127

　　주요표현 - 집 구하는 표현 및 권유 관련된 표현
　　주요어법 - '是…的' / '除了A以外, 还B' / '其实' / '或者A或者B'

복습 | 복습내용 - 第6课 ~ 第10课 　　139

부록 | 주요내용 - 문제답안 / 新HSK 3급 단어 　　145

품사 약어표

약어	품사명	약어	품사명
명	명사	부	부사
대	대(명)사 인칭대(명)사 지시대(명)사 의문대(명)사	조	조사 동태조사 구조조사 어기조사
동	동사	접	접속사
형	형용사	전	전치사
수	수사	감탄	감탄사
양	양사 동량사	의성	의성사

등장인물 소개

金铉雅 (여)
김현아
한국인 / 20대

李明 (남)
리밍
중국인 / 30대

张伟民 (남)
장웨이민
중국인 / 40대

第 1 课

周末过得怎么样?
Zhōumò guò de zěnmeyàng?
주말에 어떻게 보냈어요?

01 주요표현 ・지난 주말에 했던 일과 운동 장소 관련된 표현

02 주요어법
・점점을 나타내는 '越来越'
・'该~了'
・'好久没'
・'因为~所以~'

01 | 准备 준비하기

单词 단어

- □ 周末 zhōumò ⑲ 주말
- □ 运动 yùndòng ⑲ 운동
- □ 健康 jiànkāng ⑲ 건강 ⑱ 건강하다
- □ 差 chà ⑱ 부족하다
- □ 办公室 bàngōngshì ⑲ 사무실
- □ 该 gāi ⑱ ~해야 한다
- □ 瘦 shòu ⑱ 마르다
- □ 和 hé ㉑ 와 / 과
- □ 开始 kāishǐ ⑱ 시작하다
- □ 越来越 yuèláiyuè ㉗ 더욱더 / 점점 갈수록
- □ 天天 tiāntiān ⑲ 매일 / 날마다
- □ 胖 pàng ⑱ 뚱뚱하다
- □ 睡觉 shuìjiào ⑱ 자다

 팔선생 Tip

베이징 세계공원은 고대와 중세, 그 현세의 세계의 유명한 건축물들과 조형물들을 축약해서 전시해놓은 곳입니다. 따라서 세계인 일반의 관점에서 유명하다고 생각되는 건축물들을 모아 놓았습니다. 베이징 세계공원에는 이집트의 피라미드, 스핑크스, 파리의 에펠탑, 중국의 만리장성, 미국의 금문교, 9.11 테러의 쌍둥이 빌딩 건물, 영국의 런던 브리지, 바티칸 시티, 성 베드로 성당, 콜로세움 등이 실물보다 축소되어 만들어져 있습니다.

02 | 会话 회화

지난 주말에 했던 일에 대한 표현

李明
Lǐ míng

周末过得怎么样？
Zhōumò guò de zěnmeyàng?

周末我和朋友一起去公园运动了。
Zhōumò wǒ hé péngyou yìqǐ qù gōngyuán yùndòng le.

金铉雅
Jīn xuànyǎ

李明
Lǐ míng

你怎么开始运动了？
Nǐ zěnme kāishǐ yùndòng le?

最近我觉得健康越来越差了。
Zuìjìn wǒ juéde jiànkāng yuèláiyuè chà le.

金铉雅
Jīn xuànyǎ

李明
Lǐ míng

天天都在办公室坐着，我也越来越胖了。
Tiāntiān dōu zài bàngōngshì zuòzhe, wǒ yě yuèláiyuè pàng le.

咱们都该锻炼了。
Zánmen dōu gāi duànliàn le.

金铉雅
Jīn xuànyǎ

해석

리밍 :
주말 어떻게 보냈어요?

김현아 :
주말에 친구랑 같이 공원에서 운동을 했어요.

리밍 :
왜 운동을 시작했어요?

김현아 :
요즘 건강이 점점 안 좋아져서요.

리밍 :
매일 사무실에서 앉아 있다보니, 나도 점점 뚱뚱해지고 있어요.

김현아 :
우리 모두 운동해야 해요.

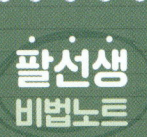

★ 天天[tiāntiān]은 '매일, 날마다'라는 의미로 명사 중첩 형식으로 본문에서 사용되고 있습니다. 이와 같이 중국어에서 일부의 명사는 중첩하여 사용할 수 있습니다. 중첩할 경우 '전체', '매개', '~마다'의 의미로 쓰입니다. 전체를 나타내는 의미로 쓰이기 때문에 뒤에 부사 '都'가 함께 오는 경우가 많습니다.

03 | 准备 준비하기

单词 단어

- **好久** hǎojiǔ — 명 (꽤) 오랫동안
- **经常** jīngcháng — 부 늘 / 항상
- **加班** jiābān — 동 초과 근무하다
- **空气** kōngqì — 명 공기
- **健身房** jiànshēnfáng — 명 체육관
- **方便** fāngbiàn — 형 편리하다
- **早** zǎo — 부 일찍이
- **还可以** háikěyǐ — 그런대로 괜찮아요
- **出差** chūchāi — 동 출장하다
- **玩** wán — 동 놀다

팔선생 Tip

중국에서는 헬스클럽을 健身房[jiànshēnfáng]라고 합니다. 健(건)은 健康(건강), 身(신)은 身体(신체), 房(방)는 房子(방)으로 즉 몸을 건강하게 하는 방이라는 의미입니다. 80년대 개혁개방 이후 중국인들의 생활이 많은 변화를 일으켰습니다. 90년대는 날씬한 몸매보다는 배가 좀 나오고 살이 찐 몸이 더욱 풍채가 있다고 여겼지만, 2000년대 들어와 젊은 층들은 풍채가 있는 몸매보다는 날씬하고 건강한 몸을 만들기 위해 헬스클럽을 찾아 몸을 가꿉니다. 현재 중국은 한국과 마찬가지로 헬스 열풍이 돌고 있습니다.

第1课 | 周末过得怎么样? Zhōumò guò de zěnmeyàng? 주말에 어떻게 보냈어요?

04 | 会话 회화

운동할 장소 관련된 표현

金铉雅
Jīn xuànyǎ

我好久没运动了。
Wǒ hǎojiǔ méi yùndòng le.

怎么了？你最近经常加班吗？
Zěnme le? Nǐ zuìjìn jīngcháng jiābān ma?

李明
Lǐ míng

金铉雅
Jīn xuànyǎ

因为最近空气不好，所以不能出去运动。
Yīnwèi zuìjìn kōngqì bùhǎo, suǒyǐ bùnéng chūqù yùndòng.

公司里有健身房，你去那儿吧。
Gōngsī lǐ yǒu jiànshēnfáng, nǐ qù nàr ba.

李明
Lǐ míng

金铉雅
Jīn xuànyǎ

公司的健身房人太多了，不方便。
Gōngsī de jiànshēnfáng rén tàiduō le, bù fāngbiàn.

早上早一点儿去人少。
Zǎoshàng zǎo yìdiǎnr qù rén shǎo.

李明
Lǐ míng

해석

김현아 :
오랫동안 운동을 못 했어요.

리밍 :
무슨 일이 있어요?
요즘 야근 자주 해요?

김현아 :
요즘 공기가 안 좋아서 밖에 나가서 운동할 수 없어요.

리밍 :
회사에 헬스클럽 있는데, 거기에서 운동해요.

김현아 :
회사 헬스클럽은 사람이 너무 많아서 불편해요.

리밍 :
아침에 좀 일찍 가면 사람이 적어요.

팔선생 비법노트

★ 早[zǎo]는 기본적으로 명사 '아침'이라는 의미를 가지고 있지만 본문에서는 형용사로 '(때가) 이르다, 시간적으로 앞선'이라는 의미로 사용됩니다. 반의어는 晚[wǎn] '늦다'가 있습니다.

05 | 关键表达 패턴

1 이유를 물을때 怎么활용

| 怎么
Zěnme | 开始运动 kāishǐ yùndòng
下雨 xiàyǔ
睡觉 shuìjiào
走 zǒu | 了?
le? |

2 정도심화를 나타내는 越来越의 활용

| 我也越来越
Wǒ yě yuèláiyuè | 胖 pàng
瘦 shòu
想家 xiǎngjiā
忙 máng | 了。
le. |

3 오랫동안 못했음을 나타내는 好久没의 활용

| 我好久没
Wǒ hǎojiǔ méi | 运动 yùndòng
出差 chūchāi
旅行 lǚxíng
玩 wán | 了。
le. |

4 원인과 결과를 나타내는 因为~所以의 활용

| 因为
Yīnwèi | 最近空气不好, zuìjìn kōngqì bùhǎo,
加班, jiābān,
堵车, dǔchē,
运动, yùndòng, | 所以
suǒyǐ | 不能出去运动。 bùnéng chūqù yùndòng.
很累。hěnlèi.
迟到。chídào.
健康。jiànkāng. |

06 | 语法 어법

1. 점점을 나타내는 '越来越'

▶ '越来越'는 시간의 경과에 따라서 상황의 정도가 더욱 발전함을 나타낼 때 사용합니다. 대체로 뒤에 형용사가 나옵니다.

我也越来越胖了。
Wǒ yě yuèláiyuè pàng le.
나는 점점 뚱뚱해지고 있어요.

我觉得汉语越来越有意思了。
Wǒ juéde hànyǔ yuèláiyuè yǒuyìsi le.
나는 중국어가 점점 더 재밌어져요.

现在的咖啡越来越贵了。
Xiànzài de kāfēi yuèláiyuè guì le.
현재 커피는 점점 비싸져요.

2. 전치사 '该~了'

▶ '该~了'는 '마땅히 ~해야 한다' 라는 의미로 사용합니다.

咱们都该锻炼了。
Zánmen dōu gāi duànliàn le.
우리는 운동을 해야 해요.

该睡觉了。
Gāi shuìjiào le.
자야 해요.

该吃饭了。
Gāi chīfàn le.
식사 해야 해요.

3 好久+没

▶ '好久'는 '오랫동안'이라는 의미로 부정사 '没'와 더불어 오랫동안 ~을 못했다는 의미를 나타냅니다.

我好久没运动了。
Wǒ hǎojiǔ méi yùndòng le.
나는 오랫동안 운동을 못했어요.

我好久没见父母了。
Wǒ hǎojiǔ méi jiàn fùmǔ le.
나는 오랫동안 부모님을 만나지 못했어요.

我好久没看电视了。
Wǒ hǎojiǔ méi kàn diànshì le.
나는 오랫동안 TV 보지 못했어요.

4 因为~所以~

▶ '因为~所以~'는 인과관계를 나타냅니다. '因为'로 시작하는 절은 원인을 나타내고, '所以'로 시작하는 절은 결과를 나타냅니다. 때로는 이 두 접속사 중 어느 하나를 생략하기도 합니다.

因为最近空气不好, 所以不能出去运动。
Yīnwèi zuìjìn kōngqì bùhǎo, suǒyǐ bùnéng chūqù yùndòng.
요즘 공기가 안좋아서 밖에 나가서 운동할 수 없어요.

因为身体不舒服, (所以)他回家了。
Yīnwèi shēntǐ bù shūfu, (suǒyǐ)tā huíjiā le.
몸이 안좋기 때문에 그는 귀가했어요.

(因为)苹果手机太贵, 所以没买。
(Yīnwèi)Píngguǒ shǒujī tàiguì, suǒyǐ méi mǎi.
아이폰이 너무 비싸서 사지 못했어요.

07 | 语法 연습

1 녹음을 듣고 <보기>에서 올바른 단어를 골라 문장을 완성해보세요.

< 보기 >

A. **运动** yùndòng   B. **空气** kōngqì   C. **胖** pàng   D. **加班** jiābān

❶ 最近越来越(　　　)了。　　❷ 该(　　　)了。

❸ 好久没(　　　)了。　　❹ 因为(　　　)不好。

2 녹음을 듣고 그림과 일치하면 O, 일치하지 않으면 X로 표시하세요.

❶

❷

❸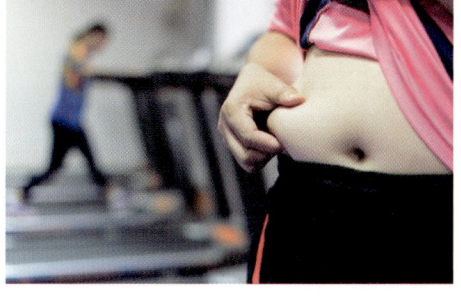

3 다음 문장을 중국어로 작성해보세요.

❶ 요즘 날씨 점점 따뜻해져요. (越来越, 暖和)

_____

❷ 돈이 없기 때문에 은행에 가요. (因为~所以, 银行)

_____

❸ 오랫동안 여행을 하지 않았습니다. (好久, 旅行)

_____

❹ 퇴근해야 합니다. (该, 下班)

_____

4 다음 대화를 완성하세요.

❶

A: 周末做什么了?
주말에 뭐했어요?

B: _____ 你呢?
주말에 가족들이랑 같이 영화를 봤어요. 당신은요?

A: _____
주말에 집에서 쉬었어요.

❷

A: 你去健身房运动吗?
헬스클럽 가서 운동하세요?

B: _____
저는 자주 헬스클럽 가서 운동해요.

A: 你去的健身房怎么样?
다니고 있는 헬스클럽 어때요?

B: _____
다니고 있는 헬스클럽에 사람이 정말 많아요.

08 | 汉字 쓰기

运动 yùndòng 운동

运动

开始 kāishǐ 시작되다

开始

越 yuè 넘다

越

加班 jiābān 초과 근무하다

加班

方便 fāngbiàn 편리하다

方便

✅ 중국의 배달문화

최근 몇 년 간 중국의 배달 문화는 급성장하고 있습니다. 음식은 물론이고, 약품, 생채, 커피음료, 생필품 심지어 심부름까지 다양하게 서비스를 제공하고 있습니다. 중국어에서 배달이란 표현을 外卖[wàimài] 라고 합니다. 현재 중국에서 가장 인기 있는 배달 서비스앱은 美团外卖[měituán wàimài], 饿了么 [è le me], 百度外卖[bǎidùwàimài]가 있습니다.

이용 방법은 우리나라의 배달 서비스앱과 유사합니다. 어플에 들어가면 GPS로 본인이 위치한 곳에서부터 배달가능한 업체들이 뜨면 원하는 식당과 음식을 선택해서 결제하면 됩니다. 참고로 美团外卖 같은 경우 위챗에서도 사용 가능하며 따로 앱을 설치하지 않아도 됩니다.

第 2 课

我得去机场接他们。
Wǒ děi qù jīchǎng jiē tāmen.

나는 공항에 가서 그들을 마중 나가야 해요.

01 주요표현
- 휴가 신청 및 회사생활 관련된 표현

02 주요어법
- 조동사 '得'
- '可以'
- 전치사 '对'
- '多'

01 | 准备 준비하기

单词 단어

- **请假** qǐngjià — (동) 휴가를 받다 (신청하다)
- **得** děi — (조) (마땅히) …해야 한다(겠다)
- **接** jiē — (동) 맞이하다
- **还有** háiyǒu — (접) 그리고 / 또한
- **报告** bàogào — (명) 보고(서) / 리포트
- **邮局** yóujú — (명) 우체국
- **事** shì — (명) 일
- **机场** jīchǎng — (명) 공항
- **可以** kěyǐ — (동) …해도 좋다
- **要** yào — (동) 필요하다 / 원하다
- **桌子** zhuōzi — (명) 책상

양력 1월 1일 원단절(元旦节), 12월31부터 1월2일까지 3일간 지정 휴일입니다.
음력 1월 1일 춘절(春节), 7일간 지정 휴일입니다.
양력 4월5일 청명절(清明节), 3일간 지정 휴일입니다.
양력 5월 1일 노동절(劳动节), 3일간 지정 휴일입니다.
음력 5월5일 단호절(端午节), 3일간 지정 휴일입니다.
음력 8월 15일 중추절(中秋节), 3일간 지정 휴일입니다.
양력 10월1일 국경절(国庆节), 7일간 지정 휴일입니다.

第2课 | 我得去机场接他们。 Wǒ děi qù jīchǎng jiē tāmen. 나는 공항에 가서 그들을 마중 나가야 해요.

02 | 会话 회화

휴가 신청 관련 표현

金铉雅 Jīn xuànyǎ
经理, 我明天能请假吗?
Jīnglǐ, wǒ míngtiān néng qǐngjià ma?

你有什么事?
Nǐ yǒu shénme shì?

张伟民 Zhāng wěimín

金铉雅 Jīn xuànyǎ
明天我父母要来,
我得去机场接他们。
Míngtiān wǒ fùmǔ yào lái,
wǒ děi qù jīchǎng jiē tāmen.

可以, 那你明天休息吧。
Kěyǐ, nà nǐ míngtiān xiūxi ba.

张伟民 Zhāng wěimín

金铉雅 Jīn xuànyǎ
还有, 这是您要的报告。
Háiyǒu, zhè shì nín yào de bàogào.

知道了, 放在我桌子上吧。
Zhīdào le, fàng zài wǒ zhuōzi shàng ba.

张伟民 Zhāng wěimín

해석

김현아:
사장님, 내일 휴가 낼 수 있을까요?

장웨이민:
무슨 일이 있어요?

김현아:
내일 우리 부모님이 와서 저는 부모님 모시러 공항에 가야 해요.

장웨이민:
그러세요, 그럼 내일 쉬세요.

김현아:
그리고 이것은 사장님께서 요구하신 보고서입니다.

장웨이민:
알겠어요, 책상 위에 두세요.

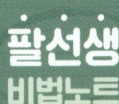
팔선생 비법노트

★ 要 [yào]
① '필요하다, 원하다' 무언가를 원하거나 필요로 할 때 사용합니다.
　예) **这不是我要的。** [Zhè búshì wǒ yàode.]
　　　이것은 내가 원한 것이 아닙니다.
② '~해야 한다, ~하려 하다' 결심이나 의지를 나타낼 때 사용합니다.
　예) **我要去运动。** [Wǒ yào qù yùndòng.]
　　　나는 오늘 운동 갈 거예요.

03 | 准备 준비하기

单词 단어

路上 lùshang	명 도중	
啦 la	조 동작이나 행위가 이미 완료되었을 때 바뀌지 않은 지속의 느낌을 나타냄	
同事 tóngshì	명 동료	
关心 guānxīn	동 (사람 또는 사물에 대해) 관심을 갖다	
住 zhù	동 살다 / 머무르다	
陪 péi	동 모시다 / 동반하다	
哭 kū	동 (소리 내어) 울다	
辛苦 xīnkǔ	동 수고했습니다	
领导 lǐngdǎo	명 지도자 / 영도자	
对 duì	전 …에게 …에 대해서	
放心 fàngxīn	동 마음을 놓다 / 안심하다	
俩 liǎ	두 사람	
笑 xiào	동 웃다	
满意 mǎnyì	형 만족하다	

팔선생 Tip

중국 최남단 하이난섬 남쪽 싼야 지역에 자리 잡은 CDF 몰은 현재 세계 최대 규모의 면세점입니다. 면세점 쇼핑, 식음료, 오락시설을 갖추고 향수·화장품, 패션의류, 액세서리, 시계·주얼리 등 38개 면세 품목에 대해 300개 가까운 브랜드를 취급합니다. 하이난성 정부는 2010년부터 외국인 관광객을 위해 소비세 환급 제도를 시행하고 있습니다. 쇼핑몰에서 800위안 이상 구매하면 출국 시 상품가의 약 11% 세금을 돌려받습니다. 면세품 구매 시 영수증만 받고 공항 출국 때 물건을 찾아가거나 온라인쇼핑을 한 후 픽업할 수도 있습니다. 지난해 5월부터 비자 정책을 기존 26개국에서 59개국으로 늘리고 체류 가능 기간도 기존 15일에서 30일까지로 확대했습니다.

第2课 | 我得去机场接他们。 Wǒ děi qù jīchǎng jiē tāmen. 나는 공항에 가서 그들을 마중 나가야 해요.

04 | 会话 회화

회사생활 관련 표현

金铉雅
Jīn xuànyǎ

爸妈, 你们路上辛苦啦。
Bà mā, nǐmen lù shàng xīnkǔ la.

你在中国工作怎么样?
Nǐ zài Zhōngguó gōngzuò zěnmeyàng?

爸爸
bàba

金铉雅
Jīn xuànyǎ

**挺好的,
公司领导和同事对我都很关心。**
Tǐng hǎo de, gōngsī lǐngdǎo hé tóngshì duì wǒ dōu hěn guānxīn.

那我们就放心了。
Nà wǒmen jiù fàngxīn le.

妈妈
māma

金铉雅
Jīn xuànyǎ

你们来了, 就多住几天吧。
Nǐmen lái le, jiù duō zhù jǐtiān ba.

好, 我俩也想多陪陪你。
Hǎo, wǒ liǎ yě xiǎng duō péipei nǐ.

爸爸
bàba

해석

김현아 :
엄마 아빠, 오시느라 고생하셨어요.

아빠 :
중국에서 근무하는 게 어때?

김현아 :
좋아요, 회사 상사분도 동료들도 모두 저에게 관심가져줘요.

엄마 :
그럼 우리도 마음이 놓이네.

김현아 :
오셨으니 며칠 더 계세요.

아빠 :
그래, 우리도 너랑 좀 더 같이 있고 싶어.

팔선생 비법노트

★ 爸妈[bà mā]는 엄마, 아빠의 의미로 爸爸妈妈 [bàba māma]를 줄여서 사용한 부분입니다.

★ 啦[la]는 了+啊가 합쳐진 형태로 구어체에 많이 쓰이며, 어기조사 了의 구어체와 같이 상황, 상태, 심경의 변화나 강조 혹은 정도의 깊음을 의미할 때 사용합니다. 예) 太多啦。[tài duō la] 너무 많아.

★ 俩[liǎ]는 '두 사람'이라는 의미를 가지고 있습니다. 대체로 인칭대명사와 더불어 사용합니다. 다만 동일 인칭대명사의 단수와 복수의 의미는 같습니다.
예) 我俩 [wǒ liǎ] = 我们俩 [wǒmen liǎ] / 你俩 [nǐ liǎ]
　　= 你们俩 [nǐmen liǎ] / 他俩 [tā liǎ] = 他们俩 [tāmen liǎ]

05 | 关键表达 패턴

1 해야함을 나타내는 得의 활용

我得去 Wǒ děi qù	机场接他们。 jīchǎng jiē tāmen.
	邮局。 yóujú.
	运动。 yùndòng.
	工作。 gōngzuò.

2 전치사 对의 활용

同事 Tóngshì	对我 duì wǒ	都很关心。 dōu hěn guānxīn.
老师 Lǎoshī		很好。 hěnhǎo.
姐姐 Jiějie		笑。 xiào.
孩子 Háizi		说。 shuō.

3 계획과 다르게 초과나 증가함을 나타내는 多의 활용

就多 Jiù duō	住几天 zhù jǐtiān	吧。 ba.
	休息一会儿 xiūxi yíhuìr	
	等一下儿 děng yíxiàr	
	想想 xiǎngxiang	

4 허락을 나타내는 可以의 활용

可以, 那 Kěyǐ, nà	你明天休息 nǐ míngtiān xiūxi	吧。 ba.
	明天见 míngtiān jiàn	
	给我打电话 gěi wǒ dǎ diànhuà	
	买这个 mǎi zhège	

第2课 | 我得去机场接他们。Wǒ děi qù jīchǎng jiē tāmen. 나는 공항에 가서 그들을 마중 나가야 해요.

06 | 语法 어법

1 조동사 '得'

▶ 조동사 '得'는 '(마땅히) …해야 한다(겠다)'라는 의미로 뒤에 해야 할 일이 나옵니다.

我得去机场接他们。
Wǒ děi qù jīchǎng jiē tāmen.
나는 공항가서 그들을 맞이해야 해요.

你得多休息休息。
Nǐ děi duō xiūxi xiūxi.
당신은 쉬어야 해요.

今天他得去中国出差。
Jīntiān tā děi qù Zhōngguó chūchāi.
오늘 그는 중국 출장 가야 해요.

2 可以

▶ 능원동사로써 가능이랑 능력을 표시할 때 '~할 수 있다' 의미로 사용합니다.

我可以说一点儿汉语。
Wǒ kěyǐ shuō yìdiǎnr hànyǔ.
나는 중국어를 조금 할 수 있어요.

你可以游泳吗?
Nǐ kěyǐ yóuyǒng ma?
수영할 수 있어요?

▶ 조동사로써 허락을 표시할 때 '~해도 좋다' 의미로 사용합니다.

可以, 那你明天休息吧。
Kěyǐ, nà nǐ míngtiān xiūxi ba.
좋아요, 그럼 내일 쉬세요.

你不可以喝酒。
Nǐ bù kěyǐ hējiǔ.
당신은 술을 마시면 안돼요.

3 ▶ 전치사 '对'

▶ 전치사 '对'는 '~에게, ~에 대해서'라는 의미로 대체로 'A对B' 즉 'A는 B(대상)에게' 혹은 'A는 B(대상)에 대해서'라는 두 가지 형식으로 사용됩니다.

公司领导和同事对我都很关心。
Gōngsī lǐngdǎo hé tóngshì duì wǒ dōu hěn guānxīn.
회사 상사분도 동료들도 모두 저에게 관심 가져줘요.

我对现在的工作很满意。
Wǒ duì xiànzài de gōngzuò hěn mǎnyì.
나는 지금의 일에 대해 매우 만족합니다.

喝酒对身体不好。
Hējiǔ duì shēntǐ bù hǎo.
술을 마시면 건강에 안 좋아요.

4 ▶ 多

▶ '多'는 동사 앞에 쓰여 '좀 더'라는 의미로 쓰입니다.

我俩也想多陪陪你。
Wǒ liǎ yě xiǎng duō péipei nǐ.
우리도 너와 좀 더 있고 싶어.

多喝水，少喝咖啡。
Duō hēshuǐ, shǎo hē kāfēi.
물을 많이 마시고, 커피를 조금 마시세요.

有时间多看看汉语书吧。
Yǒu shíjiān duō kànkan hànyǔshū ba.
시간 있으면 중국어 책을 많이 보세요.

07 | 语法 연습

1 녹음을 듣고 <보기>에서 올바른 단어를 골라 문장을 완성해보세요. 🎧

< 보기 >

| A. 请假 qǐng jiǎ | B. 得 děi | C. 关心 guān xīn | D. 放心 fàng xīn |

❶ 领导对我很(　　　)。　　❷ 我(　　　)努力工作。

❸ 请您(　　　)。　　❹ 明天我(　　　)了。

2 녹음을 듣고 그림과 일치하면 O, 일치하지 않으면 X로 표시하세요. 🎧

❶ 　

❷ 　

❸ 　

3 다음 문장을 중국어로 작성해보세요.

❶ 오늘 나는 운동해야 해요. **(得, 运动)**

❷ 당신은 여기 앉을 수 없어요. **(可以, 坐)**

❸ 사장님은 나에게 잘 해줘요. **(对, 很好)**

❹ 많이 드세요. **(多, 一点儿)**

4 다음 대화를 완성하세요.

❶

A: 明天你可以来我家吗?
내일 우리집에 올 수 있어요?

B: 不行,
안돼요, 내일 야근해야 해요.

A: 没关系, 下次见。
괜찮아요. 다음에 봐요.

❷

A: 公司生活怎么样?
회사 생활은 어때요?

B:
이미 적응했어요.

A: 公司领导对你怎么样?
회사 대표님은 어때요?

B:
대표님은 저한테 잘해주세요.

08 | 汉字 쓰기

接 jiē 맞이하다

辛苦 xīnkǔ 고생하다

关心 guānxīn 관심

住 zhù 살다

放心 fàngxīn 안심하다

✓ 11월 11일 중국의 광군제

11월 11일은 중국의 광군제(光棍节[guānggùnjié])입니다. 1993년 중국 대학 기숙사에서 애인 없는 남학생들이 외로운 숫자 1이 네 번 겹치는 이날을 기념일로 정했다는 설이 있습니다. 光棍节의 光는 빛나다라는 의미가 아나라 오직이나 홀로라는 뜻입니다. 棍는 몽둥이, 막대기라는 뜻이며 숫자 1과 모양이 같습니다. 그래서 광군제는 솔로들의 날입니다. 우리나라의 짜장면데이와 비슷합니다. 알리바바 회장 마윈은 11월 11일 광군제를 외로운 솔로들이 온라인에서 클릭으로 쇼핑하면서 외로움을 달랠 수 있도록 하자는 의미에서 시작하였습니다.

오늘 날 중국의 광군제는 솔로데이에서 마윈데이로 '双十一'라는 새로운 명칭으로 불립니다. 11일 0시부터 중국 최대 전자상거래 업체인 알리바바를 비롯하여 모든 전자상거래는 빅세일을 합니다. 미국의 블랙프라이데이와 비슷합니다.
따라서 이와 함께 대두된 쇼핑 중독자들을 '剁手族[duòshǒuzú]'라고 새로운 명칭이 붙어집니다.
剁手族는 말 그대로 손을 잘라야 하는 사람들, 즉 인터넷 쇼핑을 중독자를 일컫는 신조어입니다.

第 3 课

去年我们来过一次。
Qùnián wǒmen lái guo yícì.

작년에 한 번 온 적이 있어요.

01 주요표현
- 첫만남 인사와 안부 관련 표현

02 주요어법
- 보량보어
- 겸어문
- '有时候'
- '总是'

01 | 准备 준비하기

单词 단어

- **叔叔** shūshu — 명 숙부 / 삼촌
- **阿姨** āyí — 명 이모
- **欢迎** huānyíng — 동 환영하다
- **帮** bāng — 동 돕다
- **以前** yǐqián — 명 이전
- **第** dì — 접 제
- **次** cì — 명 순서 / 차례
- **让** ràng — 동 하도록 하다
- **带** dài — 동 지니다 / 휴대하다
- **转** zhuàn — 동 돌다 / 회전하다

팔선생 Tip

중국에서 친구의 부모님을 부를 때의 호칭은 어머님 아버님이라는 표현보다 叔叔[shūshu] 阿姨[āyí] 라는 표현을 하는 것이 더 좋습니다. 중국에서는 자신의 부모님 이외에 어머니, 아버지라는 표현을 하지 않습니다. 따라서 叔叔 같은 경우 아저씨라는 의미로 일상생활에서 자주 사용됩니다. 또한 阿姨 같은 경우는 현재 중국에서 아주머니 또는 도우미를 부를 때 보편적으로 사용됩니다.

02 | 会话 회화

첫만남 인사 관련 표현

李明 Lǐ míng

叔叔阿姨，欢迎你们来中国。
Shūshu āyí, huānyíng nǐmen lái Zhōngguó.

爸妈，这是我的同事李明。
Bàmā, zhè shì wǒ de tóngshì Lǐ míng.

金铉雅 Jīn xuànyǎ

妈妈 māma

铉雅说你帮了她很多，谢谢你。
Xuànyǎ shuō nǐ bāng le tā hěn duō, xièxie nǐ.

别客气。叔叔阿姨以前来过中国吗?
Bié kèqi. Shūshu āyí yǐqián lái guo Zhōngguó ma?

李明 Lǐ míng

爸爸 bàba

这是我们第二次来中国。
去年我们来过一次。
Zhè shì wǒmen dì'èr cì lái Zhōngguó.
Qùnián wǒmen lái guo yícì.

让铉雅带你们多转转吧。
Ràng xuànyǎ dài nǐmen duō zhuǎnzhuan ba.

李明 Lǐ míng

해석

리밍:
삼촌 이모 중국 오신 것을 환영합니다.

김현아:
엄마 아빠 이 분은 제 동료 리밍이에요.

엄마:
현아가 많이 도와줬다고 하더라고요, 고마워요.

리밍:
아니에요. 삼촌 이모 전에 중국 오신적 있으세요?

아빠:
이번에 두번째로 중국에 왔어요.
작년에 한 번 왔었어요.

리밍:
현아한테 많이 구경시켜 달라고 하세요.

팔선생 비법노트

★ 以前[yǐqián]은 명사로 '이전'이라는 의미를 가지고 있습니다.
以前이 단독으로 쓰일 때는 '예전'이라는 의미로 쓰입니다.
또한 특정시간+以前 형식으로도 사용합니다.

예) **20岁以前** [Èrshí suì yǐqián] 20살 이전

八先生 중국어 | 2권 기본중심 39

03 | 准备 준비하기

单词 단어

自己 zìjǐ — (대) 자기 / 자신

有时候 yǒu shíhou — (부) 가끔씩 / 종종

见 jiàn — (동) 만나다

生活 shēnghuó — (명) 생활 / (동) 생활하다

习惯 xíguàn — (명) 습관

总是 zǒngshì — (부) 늘 / 줄곧

担心 dānxīn — (동) 염려하다 / 걱정하다

当 dāng — (동) 여기다 / …이 되다

比赛 bǐsài — (명) 시합 / (동) 시합하다

팔선생 Tip

중국에서 1990년대 출생한 세대로 2기 소황제 세대라 불립니다. 외동으로써 이들은 부모의 경제적 기반을 바탕으로 자기중심적인 경향이 상당히 큽니다. 약 2억 2000만 명으로 추정되는 90后세대는 자기 위주의 자극적인 것을 선호하며 어려서부터 소비에 익숙한 세대로, 향후 중국의 국외 관광과 쇼핑 관광을 주도할 핵심 계층으로 주목받고 있습니다.

04 | 会话 회화

안부와 관련된 표현

爸爸 Bàba
周末你自己做什么?
Zhōumò nǐ zìjǐ zuò shénme?

有时候在家休息, 有时候见朋友。
Yǒushíhou zài jiā xiūxi, yǒushíhou jiàn péngyou.

金铉雅 Jīn xuànyǎ

爸爸 Bàba
你在中国的生活怎么样?
Nǐ zài Zhōngguó de shēnghuó zěnmeyàng?

我已经习惯了中国的生活。
Wǒ yǐjīng xíguàn le Zhōngguó de shēnghuó.

金铉雅 Jīn xuànyǎ

爸爸 Bàba
那就好, 你妈总是担心你。
Nà jiù hǎo, nǐmā zǒngshì dānxīn nǐ.

还当我是小孩子啊。你们就放心吧。
Hái dāng wǒ shì xiǎoháizi a. Nǐmen jiù fàngxīn ba.

金铉雅 Jīn xuànyǎ

해석

아빠:
주말에 혼자서 뭐하니?

김현아:
때로는 집에서 쉬고, 때로는 친구를 만나요.

아빠:
중국 생활은 어떠니?

김현아:
이미 중국 생활에 적응했어요.

아빠:
다행이다, 네 엄마는 항상 너를 걱정하는데.

김현아:
아직도 저를 어린 아이로 여기시네요. 마음 놓으세요.

팔선생 비법노트

★ 当[dāng]은 동사로 '여기다, …이 되다'라는 의미를 가지고 있습니다.
특히 어떤 직위나 신분을 나타낼 때 当+직위/신분 형식으로 사용합니다.

예) 当妈妈 [dāng māma] 엄마가 되다.
　　当经理 [dāng jīnglǐ] 사장님이 되다.

05 | 关键表达 패턴

1 ▶ 두 번을 나타내는 第二次의 활용

这是我们第二次 Zhè shì wǒmen dì'èr cì	来中国。 lái Zhōngguó. 上课。 shàngkè. 旅行。 lǚxíng. 比赛。 bǐsài

2 ▶ 습관을 나타내는 习惯의 활용

我已经习惯了 Wǒ yǐjīng xíguàn le	中国的生活。 Zhōngguó de shēnghuó. 吃中国菜。 chī zhōngguó cài. 喝茶。 hē chá. 一个人。 yíge rén.

3 ▶ 어떨 때는을 나타내는 有时候의 활용

有时候 Yǒushíhou	在家休息，zài jiā xiūxi, 看书，kànshū, 喝啤酒，hē píjiǔ, 在家，zàijiā,	有时候 yǒushíhou	见朋友。jiàn péngyǒu. 听音乐。tīng yīnyuè. 喝白酒。hē báijiǔ. 运动。yùndòng.

4 ▶ 겸어문 让의 활용

让 Ràng	铉雅带你们多转转 Xuànyǎ dài nǐmen duō zhuǎnzhuan 我来 wǒ lái 妹妹打电话 mèimei dǎ diànhuà 他出差 tā chūchāi	吧。 ba.

去年我们来过一次。Qùnián wǒmen lái guo yícì. 작년에 한 번 온 적이 있어요.

06 | 语法 어법

1 동량보어

▶ 동량보어는 동사 뒤에서 동작이 발생한 횟수를 나타냅니다. 동량보어에 자주 사용되는 양사로는 '次', '回', '遍', '趟' 등이 있습니다.

去年我们来过一次。 Qùnián wǒmen lái guo yícì.
우리 작년에 한 번 와봤어요.

我见过一回他的女朋友。 Wǒ jiàn guo yìhuí tā de nǚpéngyou.
나는 그의 여자친구를 한 번 본 적이 있어요.

这本书我看了两遍。 Zhè běn shū wǒ kàn le liǎngbiàn.
나는 그 책을 두 번 읽었어요.

不好意思, 我去一趟洗手间。 Bùhǎoyìsi, wǒ qù yítàng xǐshǒujiān.
죄송합니다, 화장실 다녀오겠습니다.

2 전치사 '在'

▶ 겸어문이란 앞에 위치한 술어의 목적어가, 뒤에 위치한 술어의 주어로 사용되는 문장을 말합니다. 즉 술어가 두개인 문장을 뜻합니다. 겸어문에서 자주 쓰이는 동사는 '让', '叫', '请'등이 있습니다.
주어+동사1(让/叫/请)+목적어 주어+동사2+목적어

让铉雅带你们多转转吧。 Ràng xuànyǎ dài nǐmen duō zhuǎnzhuan ba.
현아한테 많이 구경시켜 달라고 하세요.

公司让我去中国出差。 Gōngsī ràng wǒ qù Zhōngguó chūchāi.
회사가 저를 중국으로 출장 보냈어요.

我请你们吃中国菜。 Wǒ qǐng nǐmen chī zhōngguó cài.
내가 너희들에게 중국요리를 살게.

3 有时候

▶ 有时候는 '때로'라는 의미로 쓰이며 有时候A, 有时候B 라는 형식으로 여러 가지 상황을 제시할 때 사용합니다.

有时候在家休息, 有时候见朋友。
Yǒushíhou zài jiā xiūxi, yǒushíhou jiàn péngyou.
때로는 집에서 쉬고, 때로는 친구를 만나요.

有时候运动, 有时候不运动。
Yǒushíhou yùndòng, yǒushíhou bú yùndòng.
때로는 운동하고, 때로는 운동을 하지 않아요.

公司有时候很忙。
Gōngsī yǒushíhou hěn máng.
회사는 가끔 매우 바빠요.

4 总是

▶ 总是는 '늘, 항상'이라는 의미로 一直와 비슷한 용법으로 사용됩니다.

你妈总是担心你。
Nǐmā zǒngshì dānxīn nǐ.
너희 어머니는 항상 너를 걱정해.

他总是第一个来公司。
Tā zǒngshì dìyíge lái gōngsī.
그는 항상 제일 먼저 회사에 옵니다.

最近我总是特别累。
Zuìjìn wǒ zǒngshì tèbié lèi.
요즘 저는 항상 피곤합니다.

07 | 语法 연습

1 녹음을 듣고 <보기>에서 올바른 단어를 골라 문장을 완성해보세요. 🎧

<보기>
| A. 让 ràng | B. 两次 liǎngcì | C. 习惯 xíguàn | D. 担心 dānxīn |

❶ 我已经(　　　)了公司的工作。　　❷ 别(　　　)我。

❸ 姐姐(　　　)给她买咖啡。　　❹ 我去过(　　　)日本。

2 녹음을 듣고 그림과 일치하면 O, 일치하지 않으면 X로 표시하세요. 🎧

❶

❷

❸

3 다음 문장을 중국어로 작성해보세요.

❶ 나는 양꼬치를 한 번 먹어본 적이 있어요. **(吃过, 羊肉串)**

❷ 아버지는 나를 지금 집에 오라고 시켰어요. **(让, 回家)**

❸ 때로는 춥고, 때로는 더워요. **(有时候)**

❹ 그는 항상 기분이 좋아요. **(总是, 高兴)**

4 다음 대화를 완성하세요.

❶

A: **你去过几次北京吗?**
북경에 몇 번 간 적 있으세요?

B:
두 번 가본 적 있어요.

A:
북경의 경치는 어때요?

B: **我觉得北京的景色很美。**
제 생각에 북경의 경치는 아름다웠어요.

❷

A:
지금 일하는 건 어때요?

B: **我已经习惯了现在的工作。**
저는 지금의 일을 이미 적응했어요.

A: **最近公司总是加班吗?**
요즘도 회사에서 자주 야근해요?

B:
요즘은 야근 안해요.

08 | 汉字 쓰기

让 ràng   하도록 하다

带 dài   휴대하다

生活 shēnghuó   생활

习惯 xíguàn   습관

担心 dānxīn   걱정하다

✅ 지역별 중국인의 특징

중국은 장강중심으로 남과 북으로 나뉩니다. 장강이북의 지역을 북방이라고 부르며 장강이남의 지역을 남방이라고 부릅니다.

❶ 북경 사람

북경은 중국의 역사 문화 정치의 중심지며 북경사람들은 북경시민이라는 자부심이 있으며 역사나 문화에 관심이 많고 인간관계를 매우 중시합니다.

❷ 상해 사람

상해는 예로부터 중국의 경제중심지이며 상해 사람들은 상해 시민이라는 자부심이 있으며 경제관념이 강하고 외모를 치장하는데 관심이 많습니다. 상해 사람들끼리는 상해어로만 대화를 나눌 정도로 강한 집단의식을 보입니다.

❸ 광저우 사람

광저우은 중국 경제 개발의 창구로서 광저우 사람들은 성격이 온화하며 돈과 관련된 일을 잘하는 편입니다. 이 지역은 식재가 풍부하고 음식 문화가 발달 되며 먹는 것을 매우 중요시 여깁니다.

❹ 동북 사람

동북 지역은 땅이 넓고 인구가 적어 사람을 좋아하고 유머감각이 있으며 술을 즐깁니다. 상대적으로 조급한 편입니다.

第 4 课

我每天学习两个小时。
Wǒ měitiān xuéxí liǎngge xiǎoshí.
나는 매일 두 시간 공부해요.

 주요표현 · 학습 및 근무 소요시간 묻고 답하기

 주요어법
· 시량보어
· '又要…又要'
· '为了'
· 가정을 나타내는 '如果…(的话), 就'

01 | 准备 준비하기

单词 단어

- **一直** yìzhí — (부) 계속해서 / 줄곧 / 내내
- **长** cháng — (형) 길다
- **时间** shíjiān — (명) 시간
- **小时** xiǎoshí — (명) 시간
- **交** jiāo — (동) 사귀다
- **少** shǎo — (형) 적다
- **又要…又要** yòuyào…yòuyào — …도 해야하고 …도 해야 한다
- **跑步** pǎobù — (동) 달리다
- **表演** biǎoyǎn — (명) 연출 / (동) 연출하다
- **睡** shuì — (동) (잠을) 자다

팔선생 Tip

공자아카데미는 중국 교육부가 세계 각 나라에 있는 대학교들과 교류해, 중국의 언어와 문화에 대한 이해를 넓히고 체계적이고 전문적인 중국어 교육을 위해 세운 교육기관입니다. 해당 국가의 대학이나 기관이 중국 베이징에 있는 공자학원 총부(总部)와 협약을 맺으면, 총부가 학원 운영에 필요한 교사나 자금 등을 지원하는 방식으로 운영됩니다. 현재 세계 120개국 440곳이 설치돼 있으며, 해외 공자학원 1호는 2004년 11월 우리나라 서울에서 공자아카데미라는 이름으로 설립된 바 있습니다. 2014년 현재 우리나라에서는 역삼동 서울공자아카데미를 비롯, 전국 대학 23곳에서 공자학원이 운영되고 있습니다.

02 | 会话 회화

학습 시간에 관련된 표현

李明
Lǐ míng

铉雅, 你的汉语越来越好了。
Xuànyǎ, nǐ de hànyǔ yuèláiyuè hǎo le.

真的吗？我一直都在学汉语。
Zhēnde ma? Wǒ yìzhí dōu zài xué hànyǔ.

金铉雅
Jīn xuànyǎ

李明
Lǐ míng

你每天学习多长时间？
Nǐ měitiān xuéxí duōcháng shíjiān?

**我每天学习两个小时。
还交了不少中国朋友。**
Wǒ měitiān xuéxí liǎng ge xiǎoshí.
Hái jiāo le bùshǎo Zhōngguó péngyou.

金铉雅
Jīn xuànyǎ

李明
Lǐ míng

又要工作又要学习，真辛苦。
Yòuyào gōngzuò yòuyào xué xí,
zhēn xīnkǔ.

我觉得学习汉语特别有意思。
Wǒ juéde xuéxí hànyǔ tèbié yǒuyìsi.

金铉雅
Jīn xuànyǎ

해석

리밍:
현아씨 중국어 실력이
점점 더 좋아지고 있어요.

김현아:
정말요? 계속해서
배우고 있어요.

리밍:
매일 얼마 동안
공부해요?

김현아:
저는 매일 두 시간
공부해요.
또 중국친구도
많이 사귀었어요.

리밍:
일도해야 하고
공부도 해야 하고,
정말 힘들겠어요.

김현아:
중국어 배우는 것은
정말 재미있어요.

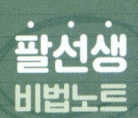

★ 不少[bùshǎo]는 '적지 않다'라는 의미입니다. 중국어에서는 강조를 나타내기 위해 긍정적인 화법보다 부정적인 화법을 사용하는 경우가 많습니다.

예) 我喝得不多。[Wǒ hē de bù duō.] 나는 많이 마시지 않았어요.

03 | 准备 준비하기

单词 단어

为了 wèile ㉠ …를 위하여

昨晚 zuówǎn ㉢ 어제 저녁

加班 jiābān ㉣ 초과 근무하다

完成 wánchéng ㉣ 완성하다

几乎 jīhū ㉤ 거의

差 chà ㉥ 부족하다

如果 rúguǒ ㉦ 만일 / 만약

需要 xūyào ㉢ 수요 / 필요

帮忙 bāngmáng ㉣ 일을 거들어 주다

帮助 bāngzhù ㉣ 돕다

电影院 diànyǐngyuàn ㉢ 영화관

机场 jīchǎng ㉢ 공항

팔선생 Tip

일반적으로 중국 회사에서 옷차림에 대해 크게 관요하지 않습니다. 그러므로 중국 직장에서 직원들은 옷차림을 편하게 입고 출퇴근을 할 수 있습니다. 따라서 옷차림으로 상대방의 지위를 판단하기 어렵습니다. 또한 회사마다 차이는 있겠지만, 중국은 대부분 회식을 자주 하지 않습니다. 퇴근 이후의 시간은 개인시간이라고 생각하기 때문에 직장 상사 또는 동료들과 같이 회식하는 것을 선호하지 않습니다. 그러므로 퇴근 이후 곧바로 귀가하는 것이 보편적인 현상입니다.

第4课 | 我每天学习两个小时。 Wǒ měitiān xuéxí liǎngge xiǎoshí. 나는 매일 두 시간 공부해요.

04 | 会话 회화

근무 관련된 표현

金铉雅
Jīn xuànyǎ

你今天很累吗?
Nǐ jīntiān hěn lèi ma?

为了明天的报告，昨晚加班了。
Wèile míngtiān de bàogào, zuówǎn jiābān le.

李明
Lǐ míng

金铉雅
Jīn xuànyǎ

报告已经完成了吗?
Bàogào yǐjīng wánchéng le ma?

几乎完成了，还差一点儿。
Jīhū wánchéng le, hái chà yìdiǎnr.

李明
Lǐ míng

金铉雅
Jīn xuànyǎ

如果需要帮忙的话，就找我吧。
Rúguǒ xūyào bāngmáng dehuà, jiù zhǎo wǒ ba.

谢谢你，你已经帮助我很多了。
Xièxie nǐ, nǐ yǐjīng bāngzhù wǒ hěn duō le.

李明
Lǐ míng

해석

김현아 :
오늘 많이 피곤하세요?

리밍 :
내일 보고를 위해
어젯 밤에 야근 했어요.

김현아 :
보고서 다 완성했어요?

리밍 :
거의 다 했어요,
조금 남았어요.

김현아 :
만약 도움이 필요하면,
말씀히세요.

리밍 :
고마워요, 이미 저를
많이 도와주었어요.

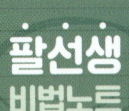
팔선생 비법노트

★ 帮忙[bāngmáng]과 帮助[bāngzhù]는 모두 '돕다'라는 의미를 가지고 있습니다. 다만 두 단어는 차이점이 있습니다.

帮忙같은 경우는 어려움에 처해 있을 때 구체적 도움일 때 사용합니다. 주로 구어체에 자주 사용합니다.

반면 帮助같은 경우는 물질적, 정신적인 구체적 도움일 때 사용합니다. 주로 문어체에 자주 사용합니다.

05 | 关键表达 패턴

1 줄곧을 나타내는 一直의 활용

我一直 Wǒ yìzhí	在学汉语。 zài xué hànyǔ. 没在家。 méi zài jiā. 跑步。 pǎobù. 喜欢看书。 xǐhuān kànshū.

2 얼마 동안을 묻는 多长时间의 활용

你每天 Nǐ měitiān	学习 xuéxí 工作 gōngzuò 表演 biǎoyǎn 睡 shuì	多长时间？ duōcháng shíjiān?

3 목적을 나타내는 为了의 활용

为了 Wèile	明天的报告，昨晚加班了。 míngtiān de bàogào, zuówǎn jiābān le. 看电影，我去电影院。 kàn diànyǐng, wǒ qù diànyǐngyuàn. 坐飞机，我去机场。 zuò fēijī, wǒ qù jīchǎng. 见朋友，我去公园。 jiàn péngyou, wǒ qù gōngyuán.

4 도움을 나타내는 帮助의 활용

你已经 Nǐ yǐjīng 妈妈 Māma 喝牛奶 Hē niúnǎi 看电视剧 Kàn diànshì jù	帮助我 bāngzhù wǒ	很多了。hěn duō le. 学习。xuéxí. 早睡。zǎo shuì. 学习汉语。xuéxí hànyǔ.

第4课 | 我每天学习两个小时。Wǒ měitiān xuéxí liǎngge xiǎoshí. 나는 매일 두 시간 공부해요.

06 | 语法 어법

1 시량보어

▶ 시량보어는 주로 하나의 동작이나 상태가 얼마 동안 지속되는지를 설명합니다.

我每天学习两个小时。 Wǒ měitiān xuéxí liǎngge xiǎoshí. 나는 매일 두 시간씩 공부해요.	**他去了五天。** Tā qù le wǔ tiān. 그는 5일 동안 갔어요.

▶ 동사 뒤에 목적어가 있을 경우, 일반적으로 동사를 중복해 주고 시량보어는 중복된 동사 뒤에 쓰입니다. 목적어가 인칭대명사가 아닐 경우, 시량보어는 동사와 목적어 사이에 올 수 있습니다.

我坐地铁坐了30分钟。 Wǒ zuò dìtiě zuò le sānshí fēnzhōng. 나는 30분 동안 지하철을 탔어요.	**我坐了30分钟地铁。** Wǒ zuò le sānshí fēnzhōng dìtiě. 나는 30분 동안 지하철을 탔어요.

分钟	个小时	天	个星期	个月	年
fēnzhōng	ge xiǎoshí	tiān	ge xīngqī	ge yuè	nián
~분(동안)	~시간(동안)	~일(동안)	~주일(동안)	~개월(동안)	~년(동안)

2 又要…又要

▶ 又要…又要는 '…도 해야하고 …도 해야 한다'라는 의미로 대체로 여러가지 일을 동시에 해야 할 때 사용합니다.

又要工作又要学习，真辛苦。
Yòuyào gōngzuò yòuyào xuéxí, zhēn xīnkǔ.
일도 해야 하고 공부도 해야 하고, 정말 힘들겠어요.

妈妈每天又要做饭又要上班。
Māma měitiān yòuyào zuòfàn yòuyào shàngbān.
어머니는 매일 요리도 해야 하고, 출근도 해야 해요.

孩子又要上学又要去补习班。
Háizi yòuyào shàngxué yòuyào qù bǔxíbān.
아이는 학교에 가야 하고, 학원도 가야 해요.

3 为了

▶ 为了는 주로 앞절의 시작 부분에 놓여 목적을 나타내며, 뒷절은 이 목적을 이루기 위해 취하는 행동을 나타냅니다.

为了明天的报告, 昨晚加班了。
Wèile míngtiān de bàogào, zuówǎn jiābān le.
내일 보고를 위해 어젯밤에 야근 했어요.

为了去中国, 他努力学习汉语。
Wèile qù Zhōngguó, tā nǔlì xuéxí hànyǔ.
중국 가기 위해 그는 중국어를 열심히 해요.

为了孩子, 他和他的家人都去了美国。
Wèile háizi, tā hé tā de jiārén dōu qù le Měiguó.
아이를 위해 그와 그의 가족은 미국에 갔어요.

4 가정을 나타내는 '如果…(的话), 就'

▶ 如果는 가정을 나타내고, 뒷절의 就는 앞절을 이어받아 결론을 이끌어 냅니다.

如果需要帮忙的话, 就找我吧。
Rúguǒ xūyào bāngmáng dehuà, jiù zhǎo wǒ ba.
도움이 필요하면 말씀하세요.

如果有事, 你就给我打电话。
Rúguǒ yǒushì, nǐ jiù gěi wǒ dǎ diànhuà.
일이 있으면 나에게 전화주세요.

如果下雨, 我就不去爬山了。
Rúguǒ xiàyǔ, wǒ jiù bú qù páshān le.
내일 비가 오면 나는 등산가지 않을 거예요.

07 | 语法 연습

1 녹음을 듣고 <보기>에서 올바른 단어를 골라 문장을 완성해보세요. 🎧

<보기>			
A. **为了** wèi le	B. **长** chǎng	C. **几乎** jīhū	D. **帮助** bāngzhù

❶ (　　)健康, 我要运动。　　❷ 感谢你的(　　)。

❸ 昨天你睡了多(　　)时间?　　❹ 8点了, 公司的职员(　　)都下班了。

2 녹음을 듣고 그림과 일치하면 O, 일치하지 않으면 X로 표시하세요. 🎧

❶

❷

❸

3 다음 문장을 중국어로 작성해보세요.

❶ 나는 1시간 동안 운동을 했어요. **(做, 1个小时)**

❷ 어제 너무 피곤해서 계속 잤어요. **(一直, 睡觉)**

❸ 어머니 생신을 위해 나는 요리를 했어요. **(为了, 生日, 做菜)**

❹ 만약 시간 있으면 우리 같이 식사해요. **(如果~的话, 有时间)**

4 다음 대화를 완성하세요.

❶

A: **今天你几点起床?**
오늘은 몇 시에 일어 났어요?

B: _____
6시 30분에 일어나요.

A: **你昨天睡了多长时间?**
어제 몇시간 잤어요?

B: _____
어제 저는 7시간 잤어요.

❷

A: **为了健康, 你做什么?**
건강을 위해 어떤 것을 하세요?

B: _____, 你呢?
건강을 위해 자주 운동해요. 당신은요?

A: _____
건강을 위해서 저는 건강한 음식을 먹어요.

08 | 汉字 쓰기

长 cháng 길다

小时 xiǎoshí 시간

为了 wèile 위하여

几乎 jīhū 거의

如果 rúguǒ 만약

✅ 중국의 关系문화

자신과 친한 자를 먼저 사랑한다는 '친소'의 원리와 '의형제'의 전통은 지역적, 혈연적 요소와 결합하여 더욱 끈끈한 인간 관계의 원리가 되었고 이것이 중국사회를 움직이는 실제적인 시스템이자 동력으로서 오늘날 중국인들이 말하는 '꽌시'의 배경이 되었습니다.

关系[guānxi]의 중요성이나 친밀성을 표현하는 말들은 중국인의 입에 자주 입에 오르내립니다. 중국인들이 즐겨 사용하는 '自己人[zìjǐ rén]'은 이 사람은 나의 사람이니 무슨 일이 있어도 잘 돌봐야 한다는 뜻이고, '哥们儿[gēmenr]'은 우리가 의형제를 맺은 사이이니 서로 돕고 잘 지내자는 뜻을 함축하고 있습니다. 그래서 중국에서는 아는 사이를 소개할 때 친구 즉 '펑요'라고 말하며 친분을 강조합니다.

또한 '搞关系[gǎo guānxi]'라는 말을 쓰곤 하는데, 이 말은 상대방과 아직 가까운 사이가 아니므로 하루 빨리 '关系'를 맺어 사업을 도모하자는 뜻입니다.

중국인들에게 있어서 '꽌시'는 단순히 개인과 개인의 관계를 규정짓는 것이 아니라 국가의 경영이나 경제 시스템의 기저를 이루는 엄연한 실체입니다. 중국 정부는 수천 년간 중국인의 발목을 잡았던 관료주의와 부정부패를 없애려고 노력하였으나 '关系'에 의해 움직이는 사회의 기저를 바꾸지는 못했습니다. 따라서 중국과 중국인을 이해하려면 '关系'문화가 지니고 있는 아름다움과 추함을 동시에 파악할 수 있어야 합니다.

第 5 课

我以为是你姐姐呢。
Wǒ yǐwéi shì nǐ jiějie ne.
나는 당신 언니인 줄 알았어요.

01 주요표현
- 사진 속 인물 및 전경관련 표현

02 주요어법
- 'A就是B'
- '以为'
- 추가를 지닌 접속사 '而且'
- 동시를 나타내는 '一边…一边'

01 | 准备 준비하기

单词 단어

- **照片** zhàopiàn (명) 사진
- **穿** chuān (동) 입다
- **裙子** qúnzi (명) 치마
- **以为** yǐwéi (동) 생각하다
- **难过** nánguò (형) 고생스럽다
- **裤子** kùzi (명) 바지
- **衬衫** chènshān (명) 와이셔츠
- **里** lǐ (명) 속 / 안
- **红色** hóngsè (명) 빨강색
- **年轻** niánqīng (형) 젊다
- **一定** yídìng (부) 반드시
- **黑** hēi (명) 검정색
- **白** bái (명) 하얀색
- **运动鞋** yùndòngxié (명) 운동화

팔선생 Tip

흔히 우리가 알고 있는 전가복(全家福[quánjiāfú])은 중국집에 고급요리입니다. 해삼, 오징어 등의 해산물과 닭고기, 돼지고기 등의 육류, 그리고 버섯, 당근 등의 채소를 넣고 볶은 중국요리입니다. 전가복에는 귀한 식재료가 풍부하게 들어가서 옛날부터 큰 잔치나 연회의 메인요리로 즐겨 먹었습니다. 사실 중국에서는 가족사진을 전가복으로 불리며 더불어 온 가족이 화목하게 복을 기원하며 먹은 음식이라는 뜻도 있습니다.

第5课 | 我以为是你姐姐呢。 Wǒ yǐwéi shì nǐ jiějie ne. 나는 당신 언니인 줄 알았어요.

02 | 会话 회화

사진 속 인물에 대한 표현

李明
Lǐ míng

照片里的这个人是谁?
Zhàopiàn lǐ de zhège rén shì shuí?

你说的是她吗?
Nǐ shuō de shì tā ma?

金铉雅
Jīn xuànyǎ

李明
Lǐ míng

对啊, 穿红色裙子的这个人。
Duì a, chuān hóngsè qúnzi de zhège rén.

她就是我妈妈。
Tā jiùshì wǒ māma.

金铉雅
Jīn xuànyǎ

李明
Lǐ míng

你妈妈真年轻。
我以为是你姐姐呢。
Nǐ māma zhēn niánqīng.
Wǒ yǐwéi shì nǐ jiějie ne.

我妈妈听了一定很高兴。
Wǒ māma tīng le yídìng hěn gāoxìng.

金铉雅
Jīn xuànyǎ

해석

리밍:
사진 속 이 사람은 누구예요?

김현아:
리밍씨가 말한 분이 이 여자분인가요?

리밍:
맞아요, 빨간색 치마를 입고 있는 사람이에요.

김현아:
그녀는 우리 어머니예요.

리밍:
어머님 정말 젊으시네요. 나는 현아씨 언니인줄 알았어요.

김현아:
우리 엄마가 들었으면 반드시 좋아했을 거예요.

팔선생 비법노트

★ 一定[yídìng] 부사로 '반드시'라는 의미로 가지고 있습니다. 一定는 자신의 강한 의지 또는 계획을 나타낼 때 사용합니다. 1인칭에만 쓰이고, 자신이 꼭 그렇게 하겠다는 것을 상대방에게 알려줄 때 사용합니다.

예) 我一定买。 [Wǒ yídìng mǎi.] 저는 반드시 살거예요.

03 | 准备 준비하기

单词 단어

- **新** xīn — 〔형〕 새롭다 / 새로운
- **家** jiā — 〔양〕 집
- **咖啡厅** kāfēitīng — 〔명〕 커피숍
- **环境** huánjìng — 〔명〕 환경
- **干净** gānjìng — 〔형〕 깨끗하다
- **而且** érqiě — 〔접〕 게다가 / 또한
- **拍** pāi — 〔동〕 (사진을) 찍다
- **安静** ānjìng — 〔형〕 조용하다
- **聊天** liáotiān — 〔동〕 한담하다 / 잡담을 하다

 **팔선생 Tip**

중국인은 차를 즐겨 마십니다. 그러나 중국의 차세대 젊은이들은 차보다 커피를 더 즐겨 마십니다. 중국어로 자주 주문하는 커피의 명칭에 대해 알아보겠습니다.

咖啡 kāfēi	美式咖啡 měishì kāfēi	拿铁咖啡 nátiě kāfēi	摩卡咖啡 mókǎ kāfēi
커피	아메리카노	카페라테	모카커피

焦糖玛奇朵 jiāotáng mǎqíduǒ	香草拿铁 xiāngcǎonátiě	浓缩咖啡 nóngsuōkāfēi
카라멜마끼아또	바닐라 라떼	에스프레소

64 第5课 | 我以为是你姐姐呢。Wǒ yǐwéi shì nǐ jiějie ne. 나는 당신 언니인 줄 알았어요.

04 | 会话 회화

전경 관련에 대한 표현

李明
Lǐ míng

公司附近新开了一家咖啡厅。
Gōngsī fùjìn xīnkāi le yìjiā kāfēitīng.

那儿的环境怎么样?
Nàr de huánjìng zěnmeyàng?

金铉雅
Jīn xuànyǎ

李明
Lǐ míng

听说很干净, 而且很漂亮。
Tīngshuō hěn gānjìng, érqiě hěn piàoliang.

那咱们中午一起去喝杯咖啡吧。
Nà zánmen zhōngwǔ yìqǐ qù hē bēi kāfēi ba.

金铉雅
Jīn xuànyǎ

李明
Lǐ míng

你是想拍照片, 还是想喝咖啡?
Nǐ shì xiǎng pāi zhàopiàn, háishì xiǎng hē kāfēi?

当然是一边喝咖啡, 一边拍照片。
Dāngrán shì yìbiān hē kāfēi, yìbiān pāi zhàopiàn.

金铉雅
Jīn xuànyǎ

해석

리밍:
회사 근처에 커피숍이 새로 오픈했어요.

김현아:
거기 환경이 어때요?

리밍:
듣자니 깨끗하고 예쁘대요.

김현아:
그럼 우리 점심에 같이 커피 한잔해요.

리밍:
사진 찍고 싶은 거예요, 아니면 커피 마시고 싶은 거예요?

김현아:
당연히 커피 마시면서 사진 찍는 거죠.

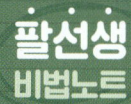
팔선생 비법노트

★ 家[jiā]는 명사로 '집, 가정'이라는 의미를 가지고 있습니다.
그러나 본문에서는 양사로 '개, 집'이라는 의미로 쓰입니다.
예) 一家银行 [yìjiā yínháng] 한 은행

05 | 关键表达 패턴

1 ▶ 전경을 나타내는 环境의 활용

那儿的环境 Nàr de huánjìng	怎么样？ zěnmeyàng? 很干净。 hěn gānjìng. 漂亮。 piàoliang. 安静。 ānjìng.

2 ▶ 반드시를 나타내는 一定의 활용

我妈妈听了 Wǒ māma tīng le 我 Wǒ 妈妈 Māma 你 Nǐ	一定 yídìng	很高兴。 hěn gāoxìng. 去。 qù. 难过。 nánguò. 喜欢。 xǐhuān.

3 ▶ 복장을 나타내는 穿의 활용

穿 Chuān	红色裙子　hóngsè qúnzi 黑裤子　hēi kùzi 白衬衫　bái chènshān 运动鞋　yùndòngxié	的这个人。 de zhège rén.

4 ▶ 동시 진행을 나타내는 一边의 활용

一边 Yìbiān	喝咖啡，hē kāfēi, 吃饭，chīfàn, 唱歌，chànggē, 坐地铁，zuò dìtiě,	一边 yìbiān	拍照片。pāi zhàopiàn. 聊天。liáo tiān. 跳舞。tiàowǔ. 看手机。kàn shǒujī.

第5课 | 我以为是你姐姐呢。Wǒ yǐwéi shì nǐ jiějie ne. 나는 당신 언니인 줄 알았어요.

06 | 语法 어법

1 A就是B

▶ A就是B는 'A는 B입니다'라는 의미로 'A가 바로 B다'를 나타낼 때 사용합니다.

> **她就是我妈妈。**
> Tā jiùshì wǒ māma.
> 그는 바로 우리 어머니입니다.
>
> **这就是我今天准备的。**
> Zhè jiùshì wǒ jīntiān zhǔnbèi de.
> 이 것이 바로 제가 오늘 준비한 것이에요.
>
> **他就是公司新来同事。**
> Tā jiùshì gōngsī xīnlái tóngshì.
> 그는 바로 새로 입사한 동료예요.

2 以为

▶ 以为는 '~인줄 알았어요' 의미로 어떤 사람이나 사물에 대해서 판단을 내렸으나, 사실은 그 판단이 맞지 않음을 나타낼 때 사용합니다.

> **我以为是你姐姐呢。**
> Wǒ yǐwéi shì nǐ jiějie ne.
> 나는 그가 당신 언니인 줄 알았어요.
>
> **我以为今天你去北京出差了呢。**
> Wǒ yǐwéi jīntiān nǐ qù běijīng chūchāi le ne.
> 나는 오늘 당신이 베이징에 출장 간 줄 알았어요.
>
> **我以为你已经睡觉了。**
> Wǒ yǐwéi nǐ yǐjīng shuìjiào le.
> 나는 당신이 이미 자는 줄 알았어요.

3 추가를 지닌 접속사 而且

▶ 접속사 而且는 '게다가'라는 의미로 앞절 내용을 추가적으로 설명할 때, 뒷절 어두에 쓰여 사용합니다.

听说很干净, 而且很漂亮。
Tīngshuō hěn gānjìng, érqiě hěn piàoliang.
듣자니 깨끗하고 게다가 예쁘대요.

她汉语很好, 而且英语也很好。
Tā hànyǔ hěn hǎo, érqiě yīngyǔ yě hěn hǎo.
그는 중국어도 잘 하고, 영어도 잘 해요.

这家饭店的饭菜很好吃, 而且也不贵。
Zhèjiā fàndiàn de fàncài hěn hǎochī, érqiě yě búguì.
이 식당의 요리는 맛있고 비싸지 않아요.

4 동시를 나타내는 一边…一边

▶ 두 가지 혹은 두 가지 이상의 동작이 동시에 이루어짐을 나타낼 때 사용합니다.

一边喝咖啡, 一边拍照片。
Yìbiān hē kāfēi, yìbiān pāi zhàopiàn.
커피 마시면서 사진을 찍어요.

他一边听歌, 一边看书。
Tā yìbiān tīnggē, yìbiān kànshū.
그는 노래를 들으면서 책을 봐요.

我们一边走, 一边看风景。
Wǒmen yìbiān zǒu, yìbiān kàn fēngjǐng.
우리는 걸으면서 풍경을 봐요.

07 | 语法 연습

1 녹음을 듣고 <보기>에서 올바른 단어를 골라 문장을 완성해보세요. 🎧

<보기>
| A. 一定 yídìng | B. 年轻 niánqīng | C. 拍照片 pāi zhàopiàn | D. 干净 gānjìng |

❶ 明天我(　　　)去上课。　　❷ 我妹妹很喜欢(　　　)。

❸ 这家饭店的环境很(　　　)。　❹ 你越来越(　　　)了。

2 녹음을 듣고 그림과 일치하면 O, 일치하지 않으면 X로 표시하세요. 🎧

❶

❷

❸

3 다음 문장을 중국어로 작성해보세요.

❶ 당신은 점점 젊어져요. (越来越, 年轻)

❷ 나는 당신이 퇴근한 줄 알았어요. (以为, 下班)

❸ 회사 근처의 환경은 아주 좋아요. (附近, 环境)

❹ 당신은 매일 사직 찍나요? (每天, 拍照片)

4 다음 대화를 완성하세요.

❶

A: 照片里的这个是谁?
사진 속 이 사람은 누구예요?

B:
이 사람은 저의 남편이에요.

A:
그는 젊어 보이네요.

B: 他听了一定很高兴。
그가 들었으면 반드시 좋아할 거예요.

❷

A: 你喜欢拍照片吗?
사진 찍는 것을 좋아해요?

B:
사진 찍는 것을 정말 좋아해요.

A: 你喜欢在哪儿拍照片?
어디에서 사진 찍는 것을 좋아해요?

B:
예쁜 장소에서 사진 찍는 것을 좋아해요.

08 | 汉字 쓰기

以为 yǐwéi 여기다

一定 yídìng 반드시

环境 huánjìng 환경

干净 gānjìng 깨끗하다

拍 pāi 찍다

✓ 중국 출산 정책변화

인구 급증으로 인해 중국정부는 1978년부터 1가정 1자녀 정책을 실행하였습니다. 2015년 중국 정부는 이 정책을 공식 폐지함으로써 합법적으로 2명까지 출산하게 되었습니다. 그러나 정책 추진 4년차인 현재 출산 정책 효과는 어느 정도 반영되지만 정부의 당초 예상과 거리가 벌어진 것은 사실입니다. 이러한 상황이 나타난 원인은 세계 많은 저출산 국가와 유사한 부분도 있지만, 중국 사회에서만 나타나는 요인이 깊은 영향을 미치고 있습니다.

14억 인구를 가진 중국은 40여 년 동안 한 자녀 정책을 유지해오다 보니 고령화 저출산 문제가 심각합니다. 현재 중국 고령 인구 14%로 조만간 20%인 초고령 사회로 저성장 늪에 빠질 것을 우려해 곧 2명 정책까지 폐지해야 한다는 논안이 제기되고 있습니다.

인구 변화는 서서히 진행되지만, 그 영향력은 막강합니다. 인구는 곧 생산력의 원천이요, 생산력은 한 나라 경제의 바탕을 이루기 때문입니다.

복 습

복습내용

第1课 ~ 第5课

1 녹음을 듣고 다음 질문에 알맞은 답을 고르세요.

A. 越来越	B. 多	C. 生活	D. 几乎	E. 而且

❶ 晚上9点，公司里的人（　　）都走了。
❷ 我很喜欢中国的（　　）。
❸ 她很漂亮，（　　）人也很好。
❹ 太累的话，（　　）休息一天吧。
❺ 我觉得最近（　　）胖了。

2 녹음을 듣고 알맞은 그림을 선택하세요.

❶ 　　A　　　　　　　　　　B

┈┈▶ 周末他做什么了？（　　）

❷ 　　A　　　　　　　　　　B

┈┈▶ 明天他得去哪儿？（　　）

❸ A　　　　　　　　　　　B

┄┄▶ 他习惯每天喝什么？（　　　）

❹ A　　　　　　　　　　　B

┄┄▶ 他每天坐多长时间地铁？（　　　）

❺ A　　　　　　　　　　　B

┄┄▶ 那家饭店的环境怎么样？（　　　）

3 밑줄에 들어갈 알맞은 단어를 골라 문장을 완성해 보세요.

❶ 今天他身体不太好，_____没来上班。

    A. 因为　　B. 所以　　C. 还有　　D. 但是

❷ 苹果手机好是好，_____太贵了。

    A. 一边　　B. 就　　C. 还有　　D. 但是

❸ 经理_____你给他打电话。

    A. 就　　B. 请　　C. 让　　D. 会

❹ _____学习汉语，他去了北京。

    A. 为了　　B. 要是　　C. 如果　　D. 以为

❺ 她很喜欢_____吃饭，_____看电视。

    A. 因为…所以　　B. 一边…一边　　C. 要是…就　　D. 如果…就

4 다음 문장을 중국어로 완성해보세요.

❶ 벌써 11시에요, 자야 합니다.

❷ 동료들은 나에게 매우 잘 해줍니다.

❸ 나는 서울 두번 가봤습니다.

❹ 나는 매일 8시간 근무합니다.

❺ 나는 당신이 출장간 줄 알았습니다.

5 다음 4개의 연속된 그림과 그림에 해당되는 키워드를 보고, 하나의 이야기를 만들어 말해보세요.

❶

Keyword 周末

❷

Keyword 上海旅行

❸

Keyword 见朋友

❹

Keyword 拍照片

第 **6** 课

到时候见。
Dào shíhou jiàn.
그 때 가서 봐요.

01 주요표현
- 전화 및 택시 관련된 표현

02 주요어법
- '左右'
- '到时候'
- 부사 '才'의 쓰임
- 전환을 나타내는 '可是'의 쓰임

01 | 准备 준비하기

单词 단어

- **喂** wéi — (감) (전화 상에서) 여보세요
- **上车** shàngchē — 차를 타다
- **比赛** bǐsài — (명) 시합 / (동) 시합하다
- **担心** dānxīn — (동) 염려하다 / 걱정하다
- **路上** lùshang — (명) 도중
- **小心** xiǎoxīn — (동) 조심하다 / 주의하다
- **大门** dàmén — (명) 대문
- **前** qián — (명) (장소) 앞
- **到时候** dào shíhou — 그때 가서
- **天黑** tiānhēi — (명) 해질녘
- **开灯** kāi dēng — 전등을 켜다

팔선생 Tip

중국을 대표하는 스포츠라면 당연히 탁구라고 생각합니다. 중국인들은 탁구를 좋아하지만 국민 스포츠라고 할 수 없습니다. 중국에서 가장 인기 있는 스포츠는 축구입니다. 중국은 축구 강국이 되기 위해 오랫동안 노력해왔지만, 성적은 만족스럽지 못하였습니다. 2002년 중국 국가 대표팀은 처음으로 월드컵 예선에 출전하였고 그 후 안타깝게도 출전하지 못했습니다. 그러므로 축구는 중국인이 가장 선호하는 스포츠이자 가장 마음 아픈 스포츠기도 합니다.

第6课 | 到时候见。 Dào shíhou jiàn. 그 때 가서 봐요.

02 | 会话 회화

전화통화 하는 표현

李明
Lǐ míng

喂, 铉雅, 你在哪儿?
Wéi, xuànyǎ, nǐ zài nǎr?

我已经上车了, 1点半左右能到。
Wǒ yǐjīng shàngchē le, yìdiǎn bàn zuǒyòu néng dào.

金铉雅
Jīn xuànyǎ

李明
Lǐ míng

比赛快开始了, 你得快一点儿。
Bǐsài kuài kāishǐ le, nǐ děi kuài yìdiǎnr.

别担心, 比赛开始以前一定能到。
Bié dānxīn, bǐsài kāishǐ yǐqián yídìng néng dào.

金铉雅
Jīn xuànyǎ

李明
Lǐ míng

路上小心, 我在大门前等你。
Lùshang xiǎoxīn, wǒ zài dàmén qián děng nǐ.

知道了, 到时候见。
Zhīdào le, dào shíhou jiàn.

金铉雅
Jīn xuànyǎ

해석

리밍 :
여보세요,
현아씨 어디에요?

김현아 :
저 벌써 차에 탔어요,
1시반 쯤에 도착할 수
있어요.

리밍 :
경기 곧 시작해요,
좀 서둘러야 해요.

김현아 :
걱정마세요, 경기 시작
하기 전에 도착할 수
있어요.

리밍 :
조심히 오세요, 정문
앞에서 기다릴게요.

김현아 :
알겠어요, 이따 봐요.

★ 小心 [xiǎoxīn]은 흔히 '소심하다'라는 의미와 혼돈하기 쉽습니다.
현대 중국어에서 小心는 '소심하다'가 아니라 동사로 '조심하다, 주의하다'
라는 의미로 사용하고 있습니다.

예) **小心路滑** [Xiǎoxīn lù huá] 길이 미끄러우니 조심하세요.

03 | 准备 준비하기

单词 단어

- **才** cái — (부) 겨우 ~에서야
- **难** nán — (형) 어렵다 / 곤란하다
- **可是** kěshì — (접) 그러나 / 하지만
- **而且** érqiě — (접) 게다가 …뿐만 아니라
- **到达** dàodá — (동) 도착하다 / 도달하다
- **上网** shàngwǎng — (동) 인터넷(네트워크)에 접속하다
- **打车** dǎchē — 택시를 잡다
- **滴滴打车** dīdīdǎchē — 디디따처 택시예약 앱
- **方便** fāngbiàn — (형) 편리하다
- **地图** dìtú — (명) 지도
- **明白** míngbai — (형) 분명하다 / 명확하다

팔선생 Tip

共享单车란 자전거 대여 서비스입니다. 회원가입과 간단한 지불을 통해 길거리 어디든 세워져 있는 공유 자전거를 자유롭게 사용할 수 있습니다. 또한 사용이 끝나고 제자리로 가져다 놓을 필요없이 목적지에 잘 세워두면, 또 그 위치에서 필요한 사람이 이용할 수 있는 시스템입니다. 자주 사용하는 공용자전거는 ofo 小黄车[xiǎohuángchē]와 mobike 摩拜单车 [móbàidānchē]가 있습니다.

82 第6课 | 到时候见。Dào shíhou jiàn. 그 때 가서 봐요.

04 | 会话 회화

택시 잡는 표현

李明
Lǐ míng

你怎么现在才来?
Nǐ zěnme xiànzài cái lái?

不好意思, 在路上打车太难了。
Bùhǎoyìsi, zài lùshang dǎchē tài nán le.

金铉雅
Jīn xuànyǎ

李明
Lǐ míng

你没用滴滴打车吗?
Nǐ méiyòng dīdīdǎchē ma?

我听过, 可是没用过。
Wǒ tīngguo, kěshì méi yòngguo.

金铉雅
Jīn xuànyǎ

李明
Lǐ míng

滴滴打车很方便,
而且还可以看地图和到达时间。
Dīdī dǎchē hěn fāngbiàn,
érqiě hái kěyǐ kàn dìtú hé dàodá shíjiān.

明白啦, 下次我一定用。
Míngbai la, xiàcì wǒ yídìng yòng.

金铉雅
Jīn xuànyǎ

해석

리밍 :
왜 이제서야 왔어요?

김현아 :
미안해요, 길에서 택시 잡기가 너무 어려워요.

리밍 :
디디따처 사용하지 않았어요?

김현아 :
들어본 적은 있지만 사용해 본 적이 없어요.

리밍 :
디디따처가 매우 편리해요, 게다가 지도와 도착시간도 볼 수 있어요.

김현아 :
알겠어요, 다음에는 꼭 사용해볼게요.

팔선생 비법노트

★ 打车[dǎchē]는 '택시를 잡다'라는 의미지만 사실 중국에서는 '택시 타다'라는 의미로 즉 坐出租汽车[zuò chūzū qìchē]와 같은 의미로 동일하게 사용됩니다. 또한 다른 표현으로 打的[dǎdī]라고도 합니다.

05 | 关键表达 패턴

1 이전을 나타내는 以前의 활용

比赛开始 Bǐsài kāishǐ		一定能到。yídìng néng dào.
吃饭 Chīfàn	以前	洗手。xǐshǒu.
睡觉 Shuìjiào	yǐqián	看书。kànshū.
天黑 Tiānhēi		开灯。kāi dēng.

2 게다가를 나타내는 而且의 활용

滴滴打车 Dīdīdǎchē		还可以看地图。hái kěyǐ kàn dìtú.
食堂 Shítáng	很方便，而且 hěn fāngbiàn, érqiě	便宜。piányi.
地铁 Dìtiě		快。kuài.
手机 Shǒujī		上网。shàngwǎng.

3 조심을 나타내는 小心의 활용

路上 Lùshang	
开车 Kāi chē	小心。xiǎoxīn.
回家路上 Huíjiā lùshang	
下雪了 Xiàxuě le	

4 어렵다를 나타내는 难의 활용

在路上打车 Zài lùshang dǎ chē	
汉语 Hànyǔ	太难了。tài nán le.
学开车 Xué kāi chē	
做饭 Zuòfàn	

06 | 语法 어법

1 左右

▶ 左右는 '가량, 안팎, 만큼, 내외'이라는 의미로 대체로 수사 뒤에 사용하여 대략의 수를 표시하며 정확하지 않을 때 사용합니다.

我已经上车了, 1点半左右能到。
Wǒ yǐjīng shàngchē le, yìdiǎn bàn zuǒyòu néng dào.
저 벌써 차에 탔어요, 1시반 쯤에 도착할 수 있어요.

这些苹果5斤左右。
Zhè xiē píngguǒ wǔjīn zuǒyòu.
이 사과는 5근 정도예요.

我妈妈六十岁左右。
Wǒ māma liùshí suì zuǒyòu.
저희 어머니는 60세 정도 되셨어요.

2 到时候

▶ 到时候는 '그때 가서, 그때가 되면…'이라는 의미로 대체로 어떤 일을 해야 하거나 어떤 결과가 나타나게 될 미래의 시기를 나타냅니다.

知道了, 到时候见。
Zhīdào le, dào shíhou jiàn.
알겠어요, 이따 만나요.

到时候我去你们公司找你。
Dào shíhou wǒ qù nǐmen gōngsī zhǎo nǐ.
그때 가면 내가 회사로 데리러 갈게요.

到时候我请你吃饭。
Dào shíhou wǒ qǐng nǐ chīfàn.
그때 가서 내가 한 턱 쏠게요.

3. 부사 '才'

▶ '겨우'라는 의미로 대체로 적은 양을 표시할 때 사용하며 주로 수사 앞에 위치합니다.

▶ '~에서야'라는 의미로 주로 동사 앞에 위치하며, 시간이 오래 걸리거나 일 완성이 늦어지는 것을 표시할 때 사용합니다.

我的女儿才六岁。
Wǒ de nǚér cái liùsuì.
우리 딸은 겨우 6살이에요.

你别着急, 现在才7点半。
Nǐ bié zháojí, xiànzài cái 7diǎn bàn.
조급하지 마세요, 지금 겨우 7시 반이에요.

你怎么现在才来?
Nǐ zěnme xiànzài cái lái?
왜 이제서야 왔어요?

今天公司很忙, 我10点才下班。
Jīntiān gōngsī hěn máng, wǒ shídiǎn cái xiàbān.
오늘 회사 매우 바빠서 10시 되어서야 퇴근했어요.

4. 전환을 나타내는 '可是'

▶ 可是는 '그러나, 하지만, 그렇지만'이라는 의미로 대체로 문장 뒷절의 어두에 사용됩니다. 같은 의미로는 但是, 不过가 있습니다.

我听过, 可是没用过。
Wǒ tīngguo, kěshì méi yòngguo.
들어본 적은 있지만 사용해본 적이 없어요.

我会汉语, 但是说得不太好。
Wǒ huì hànyǔ, dànshì shuō de bútài hǎo.
중국어는 할 줄 알지만 잘 하지 못해요.

我的工作很忙, 不过很有意思。
Wǒ de gōngzuò hěn máng, búguò hěn yǒuyìsi.
저의 일은 매우 바쁘지만 재미있어요.

07 | 语法 연습

1 녹음을 듣고 <보기>에서 올바른 단어를 골라 문장을 완성해보세요. 🎧

< 보기 >

A. **方便**	B. **可是**	C. **比赛**	D. **左右**
fāngbiàn	kěshì	bǐsài	zuǒyòu

❶ 上网买东西很(　　)。　　　❷ 今晚的(　　)你看吗?

❸ 他今年35岁(　　)。　　　❹ 这部手机很好, (　　)太贵了。

2 녹음을 듣고 그림과 일치하면 O, 일치하지 않으면 X로 표시하세요. 🎧

❶

❷

❸

3 다음 문장을 중국어로 작성해보세요.

❶ 여보세요, 이 사장님 휴대폰이에요? (喂, 手机)

_____

❷ 내일 저녁 8시 축구 경기가 있습니다. (明天, 足球比赛)

_____

❸ 휴대폰이 없으면 매우 불편해요. (没有, 不方便)

_____

❹ 지도 볼 줄 알아요? (会, 地图)

_____

4 다음 대화를 완성하세요.

❶

A: 你怎么打车?
택시 잡을 때 어떻게 해요?

B: _____
저는 디디따처를 사용해요.

A: 滴滴打车怎么样?
디디따처 어때요?

B: _____
디디따처 매우 편리해요.

❷

A: 喂, 您好。你是李明吗?
여보세요, 안녕하세요. 혹시 리밍씨 인가요?

B: _____
안녕하세요. 제가 리밍인데요.

A: 明天有足球比赛, 你来吗?
내일 축구시합이 있는데, 오나요?

B: _____
저 내일 가요. 내일 뵐게요.

08 | 汉字 쓰기

担心 dānxīn 걱정하다

小心 xiǎoxīn 조심하다

才 cái 겨우

可是 kěshì 그러나

方便 fāngbiàn 편리하다

✅ 중국의 교육열

중국 교육열은 한국 못지 않게 심합니다. 중국은 한국과 달리 대학입시 시험은 딱 한 가지 방식이며 그것을 高考[gāokǎo]라고 합니다. 중국은 매년 6월 7일, 8일 이틀간 시험을 진행합니다. 연평균 900만 명의 학생이 응시를 하며 세계 최대의 대학 입시로 유명합니다.

중국에서는 교문에 엿 대신에 떡을 최대한 높게 붙여 높은 시험 점수를 받기를 기원합니다. 이색적인 모습으로 시험이 치러지는 학교에 운동장에 수많은 텐트가 쳐지고 주변 숙박업소의 모든 방이 예약되는 풍경을 볼 수 있습니다. 중국에서는 호적에 등록된 주소 소재지에서만 시험을 볼 수 있으며 지역마다 시험문제는 다릅니다. 따라서 같은 대학일지라도 지역마다 점수 차이가 있습니다. 인구가 많은 지역은 상대적으로 경쟁이 치열하고 점수도 높습니다. 인구가 적은 동부지역 같은 경우 상대적으로 점수가 낮습니다. 그러므로 중국에서는 대학 응시 시험을 볼 때 호적이 매우 중요합니다.

第 **7** 课

电梯突然坏了。
Diàntī tūrán huài le.
엘리베이터가 갑자기 고장났어요.

 주요표현
- 고장과 독서 관련된 표현

 주요어법
- '突然'
- '好不容易'
- 'A是A, 不过'
- '一A就B'

01 | 准备 준비하기

单词 단어

开 kāi	통 (닫힌 것을) 열다 / (기계 따위를) 켜다

空调 kōngtiáo	명 에어컨

办公室 bàngōngshì	명 사무실

电梯 diàntī	명 엘리베이터

突然 tūrán	부 갑자기

坏 huài	형 상하다 / 고장나다

爬 pá	동 기어오르다

层 céng	양 층

楼 lóu	명 층 / 층집

脸 liǎn	명 얼굴

好不容易 hǎoburóngyì	부 겨우 / 가까스로 / 간신히

拿 ná	동 (손으로) 잡다 쥐다

팔선생 Tip

영화 아바타 판도라 행성의 실제 배경으로 알려진 장가계 국가 산림공원으로 유명해진 곳에 세계 기네스북에 등록된 백룡 엘리베이터가 있습니다. 2002년에 완공된 엘리베이터는 공사비만 1억 8천 위안이 소요된 것으로 알려져 있습니다. 아파트 140층 높이의 세계 최장 길이며, 수직 높이는 335m입니다. 특수 제작된 강화 유리로 둘러싸여 1분 28초면 정상까지 올라갈 수 있어 전경을 쉽고 짜릿하게 감상할 수 있습니다.

第7课 | 电梯突然坏了。 Diàntī tūrán huài le. 엘리베이터가 갑자기 고장났어요.

02 | 会话 회화

엘리베이터 고장 관련 표현

张伟民
Zhāng wěimín

开空调了吗? 办公室好热啊。
Kāi kōngtiáo le ma?
Bàngōngshì hǎo rè a.

一直都开着呢, 26度。
Yìzhí dōu kāizhe ne, èrshíliùdù.

李明
Lǐ míng

张伟民
Zhāng wěimín

电梯突然坏了, 我爬了9层楼。
Diàntī tūrán huài le, wǒ pá le jiǔcéng lóu.

您的脸都红了。快休息一下吧。
Nín de liǎn dōu hóng le.
Kuài xiūxi yíxià ba.

李明
Lǐ míng

张伟民
Zhāng wěimín

我好不容易才爬了9层。
Wǒ hǎobùróngyì cái pá le jiǔcéng.

您坐一下, 我去给您拿杯冰水吧。
Nín zuò yíxià,
wǒ qù gěi nín ná bēi bīngshuǐ ba.

李明
Lǐ míng

해석

장웨이민:
에어컨 틀었어요?
사무실이 덥네요.

리밍:
계속 틀고 있어요,
26도예요.

장웨이민:
엘리베이터가 갑자기
고장나서 나는 9층을
걸어서 올라왔어요.

리밍:
얼굴이 빨개지셨네요.
얼른 좀 쉬세요.

장웨이민:
간신히 9층을
올라왔어요.

리밍:
좀 앉아계세요, 얼음물
가져다 드릴게요.

팔선생 비법노트

★ 好[hǎo]는 기본적으로 형용사 '좋다'라는 의미를 가지고 있습니다.
허나 본문에서는 부사로써 '얼마나, 매우'의 의미로 사용하여 형용사 앞에 쓰여 수량이나 정도를 물어볼 때 사용합니다.

예) **好累** [hǎo lèi] 매우 피곤하다.

03 | 准备 준비하기

单词 단어

| 这么 zhème | (대) 이러한 / 이와 같은 / 이렇게 |

| 认真 rènzhēn | (형) 진지(진실)하다 / 성실(착실)하다 |

| 历史 lìshǐ | (명) 역사 |

| 故事 gùshi | (명) 고사 |

| 这样 zhèyang | (대) 이렇다 / 이와 같다 / 이렇게 |

| 头疼 tóuténg | (형) 머리(골치)가 아프다 |

| 哈哈 hāhā | (의) 하하 웃는 소리 |

| 不过 búguò | (접) 그런데 / 그러나 |

| 终于 zhōngyú | (부) 마침내 / 결국 / 끝내 |

팔선생 Tip

만리장성은 지구촌에 건설된 수많은 인공 구조물 가운데 가장 큰 규모를 자랑하는 거대한 성입니다. 험준한 산과 협곡은 물론이고 사막까지 이어진 거대한 만리장성은 황해와 가까운 동쪽 산하이관에서 서쪽으로 간쑤성 자위관이란 곳까지 약 3000km가 보존되어 있습니다. 기원전 220년 진시황은 북방 민족의 침입에 대비하여 통합된 방어 산성을 쌓기로 하였습니다. 만리장성의 축조는 그 후 명나라 시대까지 계속되었고, 세계에서 가장 장대한 규모의 군사 시설물이 되었습니다.

第7课 | 电梯突然坏了。 Diàntī tūrán huài le. 엘리베이터가 갑자기 고장났어요.

04 | 会话 회화

독서관련 표현

李明
Lǐ míng

你这么认真, 看什么书呢?
Nǐ zhème rènzhēn, kàn shénme shū ne?

我在看中国历史故事书。
Wǒ zài kàn zhōngguó lìshǐ gùshì shū.

金铉雅
Jīn xuànyǎ

李明
Lǐ míng

这样的历史书不难吗?
Zhèyàng de lìshǐ shū bù nán ma?

难是难, 不过很有意思。
Nán shì nán, búguò hěn yǒuyìsi.

金铉雅
Jīn xuànyǎ

李明
Lǐ míng

我一看历史书就头疼。
Wǒ yí kàn lìshǐ shū jiù tóuténg.

哈哈, 终于有让你头疼的了。
Hāha, zhōngyú yǒu ràng nǐ tóuténg de le.

金铉雅
Jīn xuànyǎ

해석

리밍 :
무슨 책을 이렇게 열심히 봐요?

김현아 :
중국역사고사 책을 읽고 있어요.

리밍 :
이런 역사책 어렵지 않아요?

김현아 :
어렵지만 재미있어요.

리밍 :
저는 역사책만 보면 머리 아파요.

김현아 :
하하, 드디어 머리 아프게 하는 것이 생겼네요.

팔선생 비법노트

★ '不难吗? [Bù nán ma?]'는 반문 형식으로 강조의 의미를 나타냅니다. 대체로 '不+동사/형용사吗?' 형식으로 사용됩니다.

예) 不吃吗? [Bù chī ma?] 안 드세요?
　　不累吗? [Bú lèi ma?] 안 피곤하세요?

05 | 关键表达 패턴

1 ▶ 정도를 나타내는 好의 활용

办公室好 Bàngōngshì hǎo	热 rè 冷 lěng 暖和 nuǎnhuo 凉快 liángkuai	啊。 a.

2 ▶ 갑자기를 나타내는 突然의 활용

电梯 Diàntī 天 Tiān 我 Wǒ 手机 Shǒujī	突然 tūrán	坏了。 huài le. 下雨。 xiàyǔ. 很饿。 hěn è. 不见了。 bú jiàn le.

3 ▶ 성실함을 나타내는 认真의 활용

你这么认真, Nǐ zhème rènzhēn,	看什么书 kàn shénme shū 学习 xuéxí 工作 gōngzuò 洗衣服 xǐ yīfu	呢? ne?

4 ▶ 드디어를 나타내는 终于의 활용

终于 Zhōngyú	有让你头疼的 yǒu ràng nǐ tóuténg de 下班 xiàbān 明白 míngbai 回家 huíjiā	了。 le.

电梯突然坏了。 Diàntī tūrán huài le. 엘리베이터가 갑자기 고장 났어요.

06 | 语法 어법

1 突然

▶ 부사어인 경우 '갑자기, 문득, 난데없이, 돌연히'라는 의미를 가지고 있습니다.

电梯突然坏了, 我爬了9层楼。
Diàntī tūrán huài le, wǒ pá le jiǔcéng lóu.
엘리베이터가 갑자기 고장나서 저는 9층을 걸어 올라왔어요.

怎么突然下雨了?
Zěnme tūrán xiàyǔ le?
왜 갑자기 비가 오죠?

▶ 형용사인 경우 '(상황이)갑작스럽다, 난데없다, 느닷없다, 뜻밖이다'라는 의미를 가지고 있습니다.

他走得很突然。
Tā zǒu de hěn tūrán.
갑작스럽게 그는 갔어요.

事情来得非常突然。
Shìqing lái de fēicháng tūrán.
매우 갑작스럽게 일이 터졌어요.

2 好不容易

▶ 好不容易는 부사어로 '겨우, 가까스로, 간신히'라는 의미를 가지고 있습니다.
다만 好不容易와 好容易는 의미가 같으며 구분없이 사용 가능합니다.

我好不容易才爬了9层。
Wǒ hǎobùróngyì cái pá le jiǔcéng.
나는 간신히 9층을 올라왔어요.

我今天太累了, 好不容易才起床。
Wǒ jīntiān tài lèi le, hǎobùróngyì cái qǐchuáng.
오늘 너무 피곤해서 겨우 일어났어요.

好容易才明白他的意思。
Hǎoróngyì cái míngbai tā de yìsi.
가까스로 그의 뜻을 이해했어요.

3 A是A, 不过

▶ 'A이기는 A인데, 그러나 ~하다'라는 의미로 不过 대신에 可是, 但是 등 전환 어구로 대체해서 사용할 수 있습니다.

难是难, 不过很有意思。
Nán shì nán, búguò hěn yǒuyìsi.
어렵기는 하지만 재미있어요.

四川菜好吃是好吃, 可是太辣了。
Sìchuān cài hǎochī shì hǎochī, kěshì tài là le.
사천요리는 맛있지만 너무 매워요.

这件衣服我喜欢是喜欢, 但是太贵了。
Zhèjiàn yīfu wǒ xǐhuān shì xǐhuān, dànshì tài guì le.
이 옷은 좋아하지만 너무 비싸요.

4 一A就B

▶ 'A하자마자, B한다'라는 의미로 시간상 밀접하게 연결된 두 동작을 나타낼 때 쓰입니다.

▶ 'A하기만 하면, B한다'라는 의미로 조건에 대한 결과를 나타낼 때 쓰입니다.

我一到公司就开电脑。
Wǒ yí dào gōngsī jiù kāi diànnǎo.
저는 회사 오자마자 컴퓨터를 켰어요.

我一看历史书就头疼。
Wǒ yí kàn lìshǐ shū jiù tóuténg.
나는 역사책만 보면 머리 아파요.

他一下班就回家。
Tā yí xiàbān jiù huíjiā.
그는 퇴근하자마자 귀가했어요.

一到周末我就去爬山。
Yí dào zhōumò wǒ jiù qù páshān.
주말되면 나는 등산하러 가요.

07 | 语法 연습

1 녹음을 듣고 <보기>에서 올바른 단어를 골라 문장을 완성해보세요. 🎧

<보기>
| A. **突然** tūrán | B. **层** céng | C. **认真** rènzhēn | D. **头疼** tóuténg |

❶ 最近(　)的事很多。　　❷ 你的办公室在几(　)?

❸ 妹妹(　)哭了。　　❹ 我们要(　)学习汉语。

2 녹음을 듣고 그림과 일치하면 O, 일치하지 않으면 X로 표시하세요. 🎧

❶

❷

❸

3 다음 문장을 중국어로 작성해보세요.

① 에어컨이 켜져있지만 너무 더워요. **(开, 可是)**

② 얼굴이 너무 빨개요, 무슨 일이 있어요? **(脸很红, 怎么)**

③ 그녀는 항상 열심히 일해요. **(一直, 认真)**

④ 드디어 퇴근했어요. **(终于, 下班)**

4 다음 대화를 완성하세요.

①

A: 你的办公室在几层?
사무실이 몇 층이에요?

B: _____
사무실은 8층에 있어요.

A: 你一般坐电梯还是爬楼?
보통 엘리베이터를 이용하세요?
아니면 계단을 이용하세요?

B: _____
저는 보통 엘리베이터를 이용해요.

②

A: 你喜欢历史吗?
역사를 좋아해요?

B: _____
저는 역사를 너무 좋아해요.

A: 你觉得《三国》怎么样?
당신 생각에《삼국》어때요?

B: _____
재미있기는 재미있지만, 어려워요.

08 | 汉字 쓰기

突然 tūrán 갑자기

突然

坏 huài 고장나다

坏

层 céng 층

层

楼 lóu 층집

楼

认真 rènzhēn 성실하다

认真

✅ 중국은행

중국은행은 중국 최초의 은행으로 교통은행(交通银行), 공상은행(工商银行), 농업은행(农业银行), 건설은행(建设银行)과 함께 중국 5대 국유상업은행에 포함됩니다. 중국 대륙을 비롯해 홍콩, 마카오, 대만, 그리고 전 세계 37개국에서 기업금융, 개인금융, 금융시장 서비스 업무 등을 하고 있습니다.

1905년 청나라 정부가 베이징에 세운 대청호부은행(大清戶部銀行)에서 출발했습니다. 1908년 대청은행(大清銀行)으로 이름을 바꾸었습니다. 청나라가 멸망한 이후 1912년 2월 쑨원 정부가 중국은행이라고 이름을 붙인 이래 1949년까지 국민당 아래에서 중앙은행 역할을 했습니다. 1928년 중앙은행에서 상업은행으로 변신했으며, 1935년 중화민국의 화폐를 발행하는 발권은행이 되었습니다.

1949년 중화인민공화국이 세워지면서 국영은행이 되었으며, 국가 외환 거래 전문은행이 되었습니다. 경제개혁이 진행되던 1979년 중화인민공화국 국무원 직속기관이 되었고, 1994년 국유상업은행으로 지정되었습니다. 2004년 중국에서 처음으로 주식회사가 되었으며, 2006년 홍콩과 상하이 증권거래소에 상장되었습니다. 중국 상업은행으로서는 처음으로 홍콩과 중국 본토에서 동시에 상장되었습니다.
스탠다드차타드 은행은 최근 보고서를 통해 2030년 세계 경제 규모 순위에서 중국이 1위, 인도가 2위를 차지하고 미국은 3위로 밀려날 것으로 전망했다고 블룸버그 통신이 보도했습니다.

第 8 课

下周是我妈妈的生日。
Xiàzhōu shì wǒ māma de shēngrì.

다음 주는 어머니 생신이에요.

01 주요표현
- 생일 선물과 관련된 표현

02 주요어법
- '虽然…但是…'
- '什么'
- '只是'
- 추측을 나타내는 '会'

01 | 准备 준비하기

单词 단어

- **准备** zhǔnbèi   (동) 준비하다
- **礼物** lǐwù   (명) 예물 / 선물
- **红包** hóngbāo   (명) 돈 / 봉투
- **没什么** méi shénme   아무것도 아니다 / 별 것 아니다
- **书店** shūdiàn   (명) 서점
- **什么** shénme   (대) 어떤 / 무슨 / 어느
- **送** sòng   (동) 증정하다 / 선물하다
- **虽然** suīrán   (접) 비록 …일지라도
- **特别** tèbié   (형) 특별하다 / 특이하다

팔선생 Tip

중국에는 好事成双(hǎoshì chéng shuāng)겹경사가 있기를 바란다는 의미의 말이 있습니다. 그로 인해 중국인들은 짝수를 좋아하는 성향이 있어, 선물도 짝수로 해주는 것을 좋아합니다. 그리고 선물을 포장할 때 붉은색과 금색을 많이 쓰는 편입니다. 붉은 색은 존귀를, 금색은 황제의 색을 의미하기 때문에 선호한다고 합니다.

02 | 会话 회화

생일 선물에 관한 표현

李明 Lǐ míng
下周是我妈妈的生日。
Xiàzhōu shì wǒ māma de shēngrì.

你准备了什么礼物?
Nǐ zhǔnbèi le shénme lǐwù?

金铉雅 Jīn xuànyǎ

李明 Lǐ míng
还没准备呢。送红包怎么样?
Hái méi zhǔnbèi ne.
Sòng hóngbāo zěnmeyàng?

**虽然红包也不错,
但是没什么特别的。**
Suīrán hóngbāo yě búcuò,
dànshì méi shénme tèbié de.

金铉雅 Jīn xuànyǎ

李明 Lǐ míng
周末你能陪我一起去买礼物吗?
Zhōumò nǐ néng péi wǒ yìqǐ qù mǎi lǐwù ma?

行啊, 不过你要请我吃饭。
Xíng a, búguò nǐ yào qǐng wǒ chīfàn.

金铉雅 Jīn xuànyǎ

해석

리밍 :
다음 주는 우리 어머니 생신이에요.

김현아 :
어떤 선물을 준비했어요?

리밍 :
아직 준비 못 했어요. 용돈 드리는 게 어때요?

김현아 :
용돈도 나쁘지 않지만 특별하지 않아요.

리밍 :
주말에 나랑 같이 선물 사러 가줄 수 있어요?

김현아 :
좋아요, 하지만 나한테 한턱 쏴야 해요.

★ 送[sòng]은 동사로 여러 가지 의미가 있습니다.
① '보내다, 배달하다, 전달하다' 예) 送饭。[Song fàn.] 식사 배달하다.
② '주다, 선사하다, 증정하다, 선물하다'
  예) 送礼物。[Song lǐwù.] 선물하다.
③ '배웅하다, 전송하다, 바래(다) 주다'
  예) 送你回家吧。[Sòng nǐ huíjiā ba.] 집까지 바래다 줄게요.

03 | 准备 준비하기

单词 단어

百货商店 bǎihuòshāngdiàn	명 백화점
条 tiáo	양 긴 사물을 묘사하는 양사
裙子 qúnzi	명 치마
好看 hǎokàn	형 아름답다
一般 yìbān	형 보통이다 / 일반적이다
蓝色 lánsè	명 남색 / 푸른색
裤子 kùzi	명 바지
只是 zhǐshì	부 다만 / 오직
会 huì	부 할 것이다
小 xiǎo	형 (체적·면적·용량·소리 따위가) 작다

팔선생 Tip

90년대까지 국가가 운영하는 형식이었지만, 자유시장 경제로 인해 개인이 운영할 수 있는 체제로 바뀌었습니다. 또한 현재는 다양하게 쇼핑할 수 있습니다. 예로 百货商店[bǎihuòshāngdiàn] 백화점, 购物中心[gòuwù zhōngxīn] 쇼핑몰, 商场[shāngchǎng] 상점 등이 있습니다.

下周是我妈妈的生日。Xiàzhōu shì wǒ māma de shēngrì. 다음 주는 어머니 생신이에요.

04 | 会话 회화

(在百货商店) 선물 고르는 표현

金铉雅
Jīn xuànyǎ

你看那条裙子怎么样?
Nǐ kàn nàtiáo qúnzi zěnmeyàng?

挺好看的,
不过我妈妈一般不穿裙子。
Tǐng hǎokàn de, búguò wǒ māma yìbān bù chuān qúnzi.

李明
Lǐ míng

金铉雅
Jīn xuànyǎ

那这条蓝色的裤子怎么样?
Nà zhètiáo lánsè de kùzi zěnmeyàng?

不错, 只是有点儿贵。
Búcuò, zhǐshì yǒudiǎnr guì.

李明
Lǐ míng

金铉雅
Jīn xuànyǎ

你妈妈穿一定会很年轻。
Nǐ māma chuān yídìng huì hěn niánqīng.

好, 那就拿这条裤子吧。
Hǎo, nà jiù ná zhètiáo kùzi ba.

李明
Lǐ míng

해석

김현아 :
저기 봐요, 저 치마 어때요?

리밍 :
예쁘긴 한데, 저희 어머니는 평소에 치마를 입지 않아요.

김현아 :
그럼 저 청색 바지는 어때요?

리밍 :
좋은데, 좀 비싸네요.

김현아 :
어머님께서 입으시면 젊어 보이실 거예요.

리밍 :
좋아요, 그럼 이 바지로 할게요.

★ 穿[chuān]은 동사로 여러 가지 의미가 있습니다.

① '(옷을) 입다'
　예) 穿衣服 [Chuān yīfu] 옷을 입다

② '(신발, 양말 따위를)신다'
　예) 穿鞋 [Chuān xié] 신발 신다

05 | 关键表达 패턴

1 ▸ 준비를 나타내는 准备의 활용

你准备 Nǐ zhǔnbèi	了什么礼物? le shénme lǐwù?
	说什么? shuō shénme?
	吃什么? chī shénme?
	做什么? zuò shénme?

2 ▸ 오직을 나타내는 只是의 활용

不错, 只是有点儿 Búcuò, zhǐshì yǒudiǎnr	贵。 guì.
	大。 dà.
	小。 xiǎo.
	辣。 là.

3 ▸ 동반을 나타내는 陪의 활용

周末你能陪我一起去 Zhōumò nǐ néng péi wǒ yìqǐ qù	买礼物吗? mǎi lǐwù ma?
	书店吗? shūdiàn ma?
	爬山吗? páshān ma?
	旅行吗? lǚxíng ma?

4 ▸ 일반적으로 하지 않는 것을 나타내는 一般不의 활용

不过我妈妈一般不 Búguò wǒ māma yìbān bù	穿裙子。 chuān qúnzi.
	喝咖啡。 hē kāfēi.
	晚睡。 wǎnshuì.
	买贵的。 mǎi guìde.

第8课 | 下周是我妈妈的生日。Xiàzhōu shì wǒ māma de shēngrì. 다음 주는 어머니 생신이에요.

06 | 语法 어법

1 虽然… 但是…

▶ 虽然… 但是…는 접속사로 '비록…, 하지만…'라는 의미로 전환관계를 나타냅니다.
'虽然'은 앞절 주어의 앞이나 뒤에 위치하며 '但是'는 반드시 뒷절의 어두에 위치합니다.

> **虽然红包也不错, 但是没什么特别的。**
> Suīrán hóngbāo yě búcuò, dànshì méi shénme tèbié de.
> 비록 돈봉투도 좋지만 특별하지 않아요.
>
> **工作虽然很忙, 但是我很喜欢我的工作。**
> Gōngzuò suīrán hěn máng, dànshì wǒ hěn xǐhuān wǒ de gōngzuò.
> 비록 일은 바쁘지만 저의 일을 매우 좋아해요.
>
> **虽然我的女儿很小, 但是她很聪明。**
> Suīrán wǒ de nǚér hěn xiǎo, dànshì tā hěn cōngmíng.
> 비록 우리 딸은 어리지만 매우 똑똑해요.

2 '什么'의 다른 용법

▶ 什么는 의문사 '무엇'이라는 의미로 주로 의문문에 사용됩니다. 그러나 그 외에 불특정한 사람이나 사물을 가리킬 때도 사용합니다.

> **你准备了什么礼物?**
> Nǐ zhǔnbèi le shénme lǐwù?
> 어떤 선물을 준비했어요?
>
> **这件衣服没什么特别的。**
> Zhèjiàn yīfu méi shénme tèbié de.
> 이 옷은 특별한 게 없어요.
>
> **家里没什么吃的东西。**
> Jiālǐ méi shénme chī de dōngxi.
> 집에 딱히 먹을 것이 없어요.

4 ▶ 3 只是

▶ 只是는 접속사로 '그러나, 그런데'라는 의미로 可是, 但是와 의미가 같으며 대체로 뒷절의 어두에 위치합니다.

▶ 只是는 부사어로 '다만, 오직, 오로지'라는 의미로 대체로 술어 앞에 쓰입니다.

不错, 只是有点儿贵。
Búcuò, zhǐshì yǒudiǎnr guì.
좋아요, 그러나 좀 비싸요.

他只是我的一个朋友。
Tā zhǐshì wǒ de yíge péngyou.
그는 단지 나의 친구일 뿐이에요.

这菜很好吃, 只是有点儿辣。
Zhè cài hěn hǎochī, zhǐshì yǒudiǎnr là.
이 요리는 맛있어요, 그러나 좀 매워요.

我只是看看, 没想买。
Wǒ zhǐshì kànkan, méi xiǎng mǎi.
나는 단지 구경할 뿐이에요, 살 생각이 없어요.

4 ▶ 추측을 나타내는 '会'

▶ 会는 조동사로 '~일 것이다'라는 의미로 대체로 강한 추측을 나타낼 때 사용합니다.

你妈妈穿一定会很年轻。
Nǐ māma chuān yídìng huì hěn niánqīng.
어머님께서 입으시면 반드시 젊어 보이실 거예요.

明天不会下雨吗?
Míngtiān bú huì xiàyǔ ma?
내일 비가 오지 않겠죠?

你觉得她会喜欢你的礼物吗?
Nǐ juéde tā huì xǐhuān nǐ de lǐwù ma?
당신 생각에는 그녀가 당신 선물을 좋아할까요?

07 | 语法 연습

1 녹음을 듣고 <보기>에서 올바른 단어를 골라 문장을 완성해보세요. 🎧

<보기>
A. **红包** hóngbāo   B. **没什么** méishénme   C. **只是** zhǐshì   D. **条** tiáo

① 我（　）买的。

② 我觉得送（　）挺好的。

③ 这（　）裙子真漂亮。

④ 他（　）喜欢看运动，不喜欢做运动。

2 녹음을 듣고 그림과 일치하면 O 일치하지 않으면, X로 표시하세요. 🎧

①

②

③

3 다음 문장을 중국어로 작성해보세요.

❶ 아내 생일에 나는 아무것도 준비하지 않았어요. (爱人生日, 什么)

❷ 비록 날씨는 좋지만 좀 추워요. (虽然~但是, 天气)

❸ 새 휴대폰은 좋지만 단지 좀 비싸요. (只是, 有点儿)

❹ 걱정하지 마세요, 내일 꼭 갈게요. (别担心, 一定)

4 다음 대화를 완성하세요.

❶

A: 你的生日是几月几号?
생일이 몇 월 며칠이에요?

B: _____
제 생일은 4월 9일이에요.

A: 今年生日你想要什么物?
올해 생일은 어떤 선물을 받고 싶어요?

B: _____
저는 용돈을 받고 싶어요.

❷

A: 你经常去百货商店吗?
자주 백화점에 가세요?

B: _____
저는 자주 백화점에 가요.

A: 明天你能陪我一起去买礼物?
주말에 나랑 같이 선물 사러 가줄 수 있어요?

B: _____
좋아요, 내일 봐요.

08 | 汉字 쓰기

虽然 suīrán 비록

虽 然

条 tiáo 긴 사물을 묘사하는 양사

条

只 zhǐ 단지

只

穿 chuān 입다

穿

裤子 kùzi 바지

裤 子

✅ 중국인에게 선물할 때 유의해야 할 점

❶ 우산

우산은 중국어로 雨伞[yǔsǎn]입니다. 雨伞의 伞[sǎn]는 해음으로 헤어진다는 의미의 흩어질 散[sǎn]자와 발음이 같습니다. 그러므로 중국에서는 우산을 선물하는 것은 헤어지잔 의미로 해석되어 예의가 아니라고 합니다.

❷ 괘종시계

괘종시계도 역시 우산과 비슷하게 해음으로 인한 문제입니다. 괘종시계의 钟[zhōng]자가 마칠 终[zhōng]자와 발음이 같습니다. 중국에서는 送终[sòng zhōng]이라는 의미는 결국 '사람이 죽어서 마지막 길을 보다'라는 의미로 해석하기 때문에 선물하면 안된다고 합니다.

❸ 배

배는 중국어로 梨[lí]로 발음하며 '헤어진다'의 뜻을 가진 离[lí]자와 발음 같기 때문에 배를 선물면 헤어지잔 의미로 해석 되어 예의가 아니라고 합니다.

* 해음이란?
어떤 한 단어가 음이 같거나 비슷하여
다른 단어의 이미지를 연상하게 되는 현상을 일컫음.

第 9 课

秋天的香山美极了。
Qiūtiān de xiāngshān měi jíle.
가을의 향산은 아주 아름다워요.

01 주요표현
- 경치와 관련된 표현

02 주요어법
- '为什么'
- '的时候'
- '主要是'
- '跟…一样'

01 | 准备 준비하기 🎧

单词 단어

- **香山** xiāngshān 명 (베이징에 있는 산 이름) 향산
- **秋天** qiūtiān 명 가을
- **树** shù 명 나무
- **为什么** wèishénme 대 무엇 때문에 / 왜 / 어째서
- **香** xiāng 형 향기롭다
- **花** huā 명 꽃
- **时候** shíhou 명 때 / 시각 / 무렵
- **照相机** zhàoxiàngjī 명 사진기 / 카메라
- **照** zhào 동 (사진·영화를) 찍다 / 촬영하다
- **张** zhāng 양 (종이, 책상, 의자 등) 넓은 표면을 가진 것을 세는 단위

팔선생 Tip

향산(香山)은 세계 명산 협회의 비준을 거쳐 세계 제24번째 중국에서는 다섯 번째로 세계 명산으로 지정되었습니다.
향산의 단풍문화제는 1989년에 시작된 이래 베이징의 가을을 대표하는 문화 활동의 하나가 되었습니다.

第9课 | 秋天的香山美极了。 Qiūtiān de xiāngshān měi jíle. 가을의 향산은 아주 아름다워요.

02 | 会话 회화

경치에 대한 표현 1

李明
Lǐ míng

铉雅，经理说周末大家一起去香山。
Xuànyǎ, jīnglǐ shuō zhōumò dàjiā yìqǐ qù xiāngshān.

香山公园吗？我还没去过香山呢。
Xiāngshān gōngyuán ma? Wǒ háiméi qùguo xiāngshān ne.

金铉雅
Jīn xuànyǎ

李明
Lǐ míng

秋天的香山美极了，树都是红的。
Qiūtiān de xiāngshān měi jíle, shù dōushì hóng de.

香山为什么叫香山？因为很香吗？
Xiāngshān wèishénme jiào xiāngshān? Yīnwèi hěn xiāng ma?

金铉雅
Jīn xuànyǎ

李明
Lǐ míng

我没想过。不过开花的时候，香山真的很香。
Wǒ méi xiǎngguo. Búguò kāihuā de shíhou, xiāngshān zhēnde hěn xiāng.

那我得带上照相机，多照几张照片。
Nà wǒ děi dàishang zhàoxiàngjī, duō zhào jǐzhāng zhàopiàn.

金铉雅
Jīn xuànyǎ

해석

리밍:
현아씨, 사장님께서 주말에 다 같이 향산에 가자고 말씀하셨어요.

김현아:
향산공원이요? 저 아직도 가본 적이 없어요.

리밍:
가을의 향산은 정말 아름다워요. 나무도 온통 빨갛게 물들고요.

김현아:
향산은 왜 향산이라고 불러요? 향이 좋아서요?

리밍:
생각해 본 적이 없어요. 하지만 꽃이 필 때 향산은 정말 향기로워요.

김현아:
그럼 저는 카메라를 갖고 가서 사진을 많이 찍어둬야겠어요.

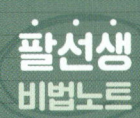

★ 照[zhào]는 동사로 '찍다, 촬영하다'라는 의미가 있습니다.
중국어에서 '찍다, 촬영하다'라는 의미는 照 외에 拍[pāi]도 있습니다.
그러므로 사진 찍다는 照照片[zhào zhàopiàn] 혹은
拍照片[pāi zhàopiàn] 두 가지 표현 모두 가능합니다.

03 | 准备 준비하기

单词 단어

- **主要** zhǔyào — 부 주로 / 대부분
- **希望** xīwàng — 동 희망하다
- **哇** wa — 감 와!
- **春** chūn — 명 봄
- **夏** xià — 명 여름
- **冬** dōng — 명 겨울
- **画儿** huàr — 명 그림
- **一样** yíyàng — 형 같다 / 동일하다
- **长** zhǎng — 동 성장하다
- **柿子** shìzi — 명 감

팔선생 Tip

베이징을 대표하는 요리는 베이징덕이라는 사실은 이미 많은 사람들이 알고 있습니다. 하지만 베이징에는 베이징덕 외에도 많은 역사적이고 특색 있는 요리가 있습니다. 그 중에 하나가 바로 涮羊肉[shuànyángròu] 입니다. 涮羊肉는 수백 년 전부터 전해 내려온 중국 북경의 양고기 샤브샤브로, 원(元)나라의 대표적인 궁중요리입니다. 따뜻하고 담백한 국물로 특히 겨울에 인기가 좋습니다.

第9课 | 秋天的香山美极了。 Qiūtiān de xiāngshān měi jíle. 가을의 향산은 아주 아름다워요.

04 | 会话 회화

경치에 대한 표현 2

张伟民
Zhāng wěimín

今天来香山, 主要是希望大家能休息一下。
Jīntiān lái xiāngshān, zhǔyào shì xīwàng dàjiā néng xiūxi yíxià.

哇, 这儿的风景真漂亮。
Wa, zhèr de fēngjǐng zhēn piàoliang.

金铉雅
Jīn xuànyǎ

张伟民
Zhāng wěimín

香山的春夏秋冬跟画儿一样。
Xiāngshān de chūn xià qiū dōng gēn huàr yíyàng.

你们看树上好多柿子。
Nǐmen kàn shùshang hǎoduō shìzi.

李明
Lǐ míng

张伟民
Zhāng wěimín

韩国也有很多柿子吧?
Hánguó yě yǒu hěnduō shìzi ba?

是的, 在韩国秋天也有很多的柿子。
Shì de, zài Hánguó qiūtiān yě yǒu hěnduō de shìzi.

金铉雅
Jīn xuànyǎ

해석

장웨이민:
오늘 향산에 온 주요한 이유는 다들 쉬길 바라는 마음이에요.

김현아:
와, 여기의 경치는 정말 아름답네요.

장웨이민:
향산의 봄 여름 가을 겨울은 그림과 같아요.

리밍:
나무에 감이 많이 달렸어요.

장웨이민:
한국도 감이 많죠?

김현아:
네, 한국도 가을에 감이 많아요.

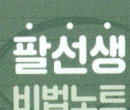
팔선생 비법노트

★ 长은 기본적으로 두 가지 발음이 있습니다.
① 长[cháng]으로 발음할 경우 형용사로 '(공간적, 시간적)길다'라는 의미로 사용됩니다.
예) 多长时间? [Duōcháng shíjiān?] 얼마 동안이에요?
　　这条路很长。[Zhè tiáo lù hěn cháng.] 이 길은 매우 길어요.

② 长[zhǎng]으로 발음할 경우 동사로 '생기다, 자라다'라는 의미로 사용됩니다.
예) 她长得很漂亮。[Tā zhǎng de hěn piàoliang.]
　　그녀는 예쁘게 생겼어요.

05 | 关键表达 패턴

1 이유를 묻는 为什么의 활용

香山 Xiāngshān		叫香山? jiào xiāngshān?
你 Nǐ	为什么	学汉语? xué hànyǔ?
他 Tā	wèishénme	没来? méi lái?
妈妈 Māma		不穿裙子? bù chuān qúnzi?

2 때를 나타내는 的时候의 활용

开花 Kāihuā		香山很香。 xiāngshān hěn xiāng.
上班 Shàngbān	的时候,	坐公交车。 zuò gōngjiāochē.
不忙 Bù máng	de shíhou,	找我。 zhǎo wǒ.
来韩国 Lái Hánguó		给我打电话。 gěi wǒ dǎ diàn huà.

3 희망을 나타내는 希望의 활용

	休息一下。 xiūxī yíxià.
希望大家	健康。 jiànkāng.
Xīwàng dàjiā	快乐。 kuàilè.
	越来越好。 yuèláiyuè hǎo.

4 보다를 나타내는 看의 활용

	树上好多柿子。 Shùshàng hǎoduō shìzi.
你们看	这个怎么样? zhège zěnmeyàng?
Nǐmen kàn	买那个? mǎi nàge?
	吃什么? chī shénme?

第9课 | 秋天的香山美极了。 Qiūtiān de xiāngshān měi jíle. 가을의 향산은 아주 아름다워요.

06 | 语法 어법

1 为什么

▶ 为什么는 대명사 '무엇 때문에, 왜, 어째서'라는 의미로 대체로 원인 또는 목적을 물을 때 사용합니다.

香山为什么叫香山?
Xiāngshān wèishénme jiào xiāngshān?
향산은 왜 향산이라고 불러요?

小李昨天为什么没来?
Xiǎolǐ zuótiān wèishénme méi lái?
어제 왜 안 왔어요?

你今天为什么又迟到了?
Nǐ jīntiān wèishénme yòu chídào le?
오늘도 왜 지각했어요?

2 ~的时候

▶ ~的时候는 '~할 때'라는 의미로 주로 어떤 상황이나 행위를 할 때 사용합니다.

不过开花的时候, 香山真的很香。
Búguò kāihuā de shíhou, xiāngshān zhēnde hěn xiāng.
그러나 꽃이 필 때 향산은 정말 향기로워요.

我20岁的时候, 一个人去了中国。
Wǒ èrshí suì de shíhou, yíge rén qù le Zhōngguó.
나는 20살 때 혼자서 중국에 갔어요.

吃饭的时候, 不要看电视。
Chī fàn de shíhou, búyào kàn diànshì.
식사할 때 텔레비전을 보지 마세요.

3. 主要是

▶ 主要是는 '주요한'이라는 의미로 중요한 원인이나 내용을 언급할 때 사용합니다.

今天来香山，主要是希望大家能休息一下。
Jīntiān lái xiāngshān, zhǔyào shì xīwàng dàjiā néng xiūxi yíxià.
오늘 향산에 온 주요한 이유는 다들 쉬길 바라는 마음이에요.

我学汉语主要是为了去中国旅行。
Wǒ xué hànyǔ zhǔyào shì wèile qù Zhōngguó lǚxíng.
나는 중국어를 배우는 주요한 이유는 중국 여행하고 싶어서요.

今天主要是我没有时间，所以不能去。
Jīntiān zhǔyào shì wǒ méiyǒu shíjiān, suǒyǐ bùnéng qù.
오늘은 시간이 없어서 갈 수 없어요.

4. A跟B一样

▶ A跟B一样은 'A는 B와 같다'라는 의미로 대체로 두 사물을 비교한 결과가 같거나 비슷하다는 것을 나타냅니다.

香山的春夏秋冬跟画儿一样。
Xiāngshān de chūn xià qiū dōng gēn huàr yíyàng.
향산의 봄 여름 가을 겨울은 그림과 같아요.

他的车跟我的车一样。
Tā de chē gēn wǒ de chē yíyàng.
그의 차는 제 차와 같아요.

我跟她的年纪一样大。
Wǒ gēn tā de niánjì yíyàng dà.
내 나이는 그녀의 나이와 같아요.

07 | 语法 연습

1 녹음을 듣고 <보기>에서 올바른 단어를 골라 문장을 완성해보세요. 🎧

<보기>

A. **为什么** wèishénme B. **照相机** zhàoxiàngjī C. **希望** xīwàng D. **画儿** huàr

❶ 你画的(　　)跟真的一样。　　❷ (　　)女儿总是不喜欢吃饭。

❸ 我(　　)你每天都健康快乐。　　❹ 现在的手机都有(　　)。

2 녹음을 듣고 그림과 일치하면 O, 일치하지 않으면 X로 표시하세요. 🎧

❶

❷

❸

3 다음 문장을 중국어로 작성해보세요.

❶ 사장님께서 다 같이 저녁식사를 하자고 말씀하셨습니다. (一起, 吃晚饭)

❷ 내가 어렸을 때 노래하는 것을 좋아했어요. (的时候, 唱歌)

❸ 이 요리는 제가 한 것입니다. (是, 做)

❹ 사실 나는 이미 이 영화를 봤어요. (其实, 看过)

4 다음 대화를 완성하세요.

❶

A: 香山为什么叫香山?
향산은 왜 향산이라고 불러요?

B:
생각해 본 적이 없어요.
하지만 가을의 향산은 정말 아름다워요.

A: 你带照相机吗?
카메라를 갖고 가요?

B:
저는 카메라를 갖고 가야 해요.

❷

A: 韩国也有很多柿子吧?
한국도 감이 많죠?

B: ,你呢?
많아요, 저는 감을 좋아하는데, 당신은요?

A:
저도 감을 좋아해요.

124 第9课 ｜ 秋天的香山美极了。 Qiūtiān de xiāngshān měi jíle. 가을의 향산은 아주 아름다워요.

08 | 汉字 쓰기

照 zhào 찍다

香 xiāng 향기롭다

长 zhǎng 자라다

希望 xīwàng 희망하다

画 huà 그림

✅ 베이징의 자금성

목조 건축, 궁전 건축, 군체 건축의 모든 특징을 갖고 있는 자금성(紫禁城)은 중국의 수도 베이징을 상징하는 건축물이며 고궁이라고 불립니다. 명, 청대에 걸쳐 24명의 황제가 거주하며 통치하던 곳이며, 1407년(명 영락 5년)에 건축이 시작된 이래 600여 년 동안 중국 정치의 중심이었습니다.

방대한 건축물이 어떻게 건축되었는지 살펴보자면, 명나라 영락제(永乐帝)는 태조 홍무제(洪武帝, 주원장)의 넷째 아들로서 황제에 올랐을 무렵, 당시의 수도인 난징이 아닌 자신의 세력 기반이 있는 지금의 베이징으로 천도를 결정한 후 1407년(영락 5년)에 베이징에 새로운 궁궐인 자금성 건설이 시작됐습니다. 동원된 인력만 연 20만 명이었고, 터를 닦은 지 13년 만인 1420년(명 영락 18년) 마침내 자금성이 완공되었습니다. 황제의 권력과 위엄을 상징하기 위해 설계되었으며, 중국인들은 황궁을 천제(天帝)가 살고 있는 곳과 동등한 지상의 등가물이라 여겼습니다. 건축 당시 무려 700여 개의 건축물과 9,999개의 방이 있었으며, 105만 점의 희귀하고 진귀한 문물이 소장되어 있습니다. 1987년 유네스코가 지정한 세계문화유산으로 등록되었습니다. 현재 자금성은 남북으로 길이가 961미터, 동서로 폭이 753미터이며, 전체 면적은 72만 평방미터입니다. 평수로 계산하면 21만 8000여 평입니다. 건물이 980동이고, 방은 8704칸이며, 직사각형 모양의 건물 단지에는 대칭적으로 성문이 나 있고 주변에는 깊이 6미터의 해자와 높이 10미터의 장벽으로 둘러싸여 있습니다.

第10课

这是谁的报纸?
Zhèshì shuí de bàozhǐ?
이것은 누구의 신문인가요?

01 주요표현
- 집 구하는 표현 및 권유 관련된 표현

02 주요어법
- '是…的'
- '除了A以外, 还B'
- '其实'
- '或者A或者B'

01 | 准备 준비하기

单词 단어

- **报纸** bàozhǐ 명 신문
- **房子** fángzi 명 집
- **打算** dǎsuàn 동 …하려고 하다 / …할 작정이다
- **搬家** bānjiā 동 이사하다
- **同屋** tóngwū 명 동숙자(同宿者) / 동숙인
- **58同城** wǔbātóngchéng 중국 온라인 생활정보 제공 사이트
- **租房** zūfáng 동 임대하다
- **广告** guǎnggào 명 광고
- **黑** hēi 동 형 검다 / 까맣다 / 검정색

팔선생 Tip

58同城은 중국 온라인 생활정보 제공 사이트입니다. 어플을 제공하고 있어 핸드폰으로도 찾아볼 수 있습니다. 58同城 사이트에 들어가면 해당 지역을 설정하고 房产(부동산)을 클릭해서 자신이 거주하고자 하는 주소를 입력한 후 원하는 방을 볼 수 있습니다. 해당 방의 가격과 지불 방식에 대해서 구체적인 설명도 적혀있습니다. 다만 알아야 할 것은 대부분의 임대 정부는 중개 사무소에서 올린 자료이며 수수료는 따로 지불해야 한다는 점입니다.

第10课 | 这是谁的报纸？ Zhèshì shuí de bàozhǐ？ 어떤 계획이에요?

02 | 会话 회화

집을 구하는 방법에 대한 표현

李明
Lǐ míng

这是谁的?
哪儿来的这么多报纸啊?
Zhèshì shuíde?
Nǎr lái de zhème duō bàozhǐ a?

是我刚才买的, 我想找房子。
Shì wǒ gāngcái mǎi de,
wǒ xiǎng zhǎo fángzi.

金铉雅
Jīn xuànyǎ

李明
Lǐ míng

你打算搬家啊? 那现在的房子呢?
Nǐ dǎsuàn bānjiā a?
Nà xiànzài de fángzi ne?

我同屋每天都很晚回家, 太不方便了。
Wǒ tóngwū měitiān dōu hěn wǎn
huíjiā, tài bù fāngbiàn le.

金铉雅
Jīn xuànyǎ

李明
Lǐ míng

除了报纸以外,
还可以上58同城找租房广告。
Chúle bàozhǐ yǐwài, hái kěyǐ shàng
wǔbātóngchéng zhǎo zūfáng guǎnggào.

好的, 下班后我打算去看看房子。
Hǎo de, xiàbān hòu wǒ dǎsuàn qù
kànkàn fángzi.

金铉雅
Jīn xuànyǎ

해석

리밍:
이거 누구 거예요?
어디서 이렇게 많은
신문을 가져왔어요?

김현아:
집 구하려고,
제가 방금 사온 거예요.

리밍:
이사 하시려구요?
그럼 지금 살고 있는
집은요?

김현아:
룸메이트가 매일 너무
늦게 들어와서 너무
불편해요.

리밍:
신문 외에도 58동성
에도 많은 임대 광고를
찾을 수 있어요.

김현아:
알겠어요, 퇴근하고
집 보러 가려고요.

★ 房子[fángzi]와 家[jiā]는 모두 '집'이라는 의미가 있습니다.
그러나 두 단어는 차이가 있습니다. 房子는 '건물'을 가르키고,
家는 '가정, 가족'의 의미를 가르킵니다.

03 | 准备 준비하기

单词 단어

戴 dài	(동) (머리·얼굴·가슴·팔·손 따위에) 착용하다

眼镜 yǎnjìng	(명) 안경

舒服 shūfu	(형) (육체나 정신이) 편안하다

眼睛 yǎnjing	(명) 눈

其实 qíshí	(부) (그러나) 사실은 / 실제는

段 duàn	(양) 일정한 시간 / 공간의 거리나 구간

经常 jīngcháng	(부) 수시로 / 자주

影响 yǐngxiǎng	(명) 영향

或者 huòzhě	(접) 혹은

医生 yīshēng	(명) 의사

害怕 hàipà	(동) 두려워하다 / 무서워하다

应该 yīnggāi	(동) 마땅히 …해야 한다

问题 wèntí	(명) (해답·해석 등을 요구하는) 문제 / 질문

 팔선생 Tip

Global Times 环球时报[huánqiúshíbào]는 중국 공산당 기관지 인민일보가 발행하는 일간신문입니다. 인민일보가 1993년 1월 '한구문췌'라는 주간지로 창간하였으며 1997년 '환구시보'로 이름을 바꿨습니다. 2009년 부터 영문판인 '글로벌 타임스'를 발행해오고 있습니다. 환구시보는 국제문제를 주로 다루며 중국 공산당과 정부가 발표하면 파장이 커질 만한 '민감한' 외교 사안에 대한 입장을 대변하는 역할을 해오고 있습니다.

130 第10课 | 这是谁的报纸？ Zhèshì shuí de bàozhǐ？ 어떤 계획이에요?

04 | 会话 회화

병원을 가보라는 권유표현

金铉雅
Jīn xuànyǎ
怎么了？戴眼镜不舒服吗？
Zěnme le? Dài yǎnjìng bù shūfu ma?

一直看电脑，眼睛特别疼。
Yìzhí kàn diànnǎo, yǎnjing tèbié téng.

李明
Lǐ míng

**其实这段时间，
你经常加班，也有影响。**
Qíshí zhèduàn shíjiān,
nǐ jīngcháng jiābān, yě yǒu yǐngxiǎng.

李明
Lǐ míng

金铉雅
Jīn xuànyǎ
**你或者休息休息，
或者去医院看看吧。**
Nǐ huòzhě xiūxi xiūxi,
huòzhě qù yīyuàn kànkan ba.

我一看医生就害怕。
Wǒ yí kàn yīshēng jiù hàipà.

李明
Lǐ míng

金铉雅
Jīn xuànyǎ
应该不是大问题，你别担心。
Yīnggāi búshì dà wèntí, nǐ bié dānxīn.

해석

김현아 :
무슨 일 있어요?
안경 쓰는 게 불편해요?

리밍 :
계속 컴퓨터 보니
눈이 너무 아파요.

리밍 :
사실 요즘 계속
야근 하는 것도
영향이 있어요.

김현아 :
쉬든지 혹은 병원에
가보세요.

리밍 :
의사 선생님만 보면
무서워요.

김현아 :
심각하지 않을 거예요,
걱정 마세요.

팔선생 비법노트

★ 经常[jīngcháng]과 常常[chángcháng]은 의미가 같으며 용법도 같습니다.
- 经常[jīngcháng]은 '수시로, 자주'라는 의미로 주로 문어체에 사용합니다.
- 常常[chángcháng]은 '수시로, 자주'라는 의미로 주로 구어체에 사용합니다.

05 | 关键表达 패턴

1 강조를 나타내는 是…的의 활용

是 Shì	我刚才买 wǒ gāngcái mǎi 坐地铁来 zuò dìtiě lái 那个穿黑衣服 nàge chuān hēi yīfu 2019年来 èr líng yī jiǔ nián lái	的。 de.

2 불편함을 나타내는 不方便의 활용

我同屋每天都很晚回家, Wǒ tóngwū měitiān dōu hěn wǎn huíjiā 买菜做饭, mǎicài zuòfàn 坐公共汽车, zuò gōnggòngqìchē 两个人一起住, liǎngge rén yìqǐ zhù	太不方便了。 tài bù fāngbiàn le.

3 불편함을 나타내는 不舒服의 활용

戴眼镜 Dài yǎnjìng 身体 Shēn tǐ 腿 Tuǐ 眼镜 Yǎnjīng	不舒服吗? bù shūfu ma?

4 마땅하다를 나타내는 应该의 활용

应该 Yīnggāi	不是大问题。 búshì dà wèntí. 不容易。 bù róngyì. 已经起床了。 yǐjīng qǐchuáng le. 开始了。 kāishǐ le.

06 | 语法 어법

1 ▶ 是…的

▶ 是…的 강조 구문은 특수 구문 중 한 가지이며 이미 발생한 동작의 지점, 시점, 목적, 방식, 행위자 등을 강조하여 말하고자 할 때 사용됩니다. 강조하고자 하는 부분을 '是' 바로 뒤에 쓰입니다.

是我刚才买的, 我想找房子。
Shì wǒ gāngcái mǎi de, wǒ xiǎng zhǎo fángzi.
방금 산 거예요, 집 구하고 싶어요.

我是昨天来的北京。
Wǒ shì zuótiān lái de Běijīng.
나는 어제 베이징에 왔어요.

我是骑自行车上班的。
Wǒ shì qí zìxíngchē shàngbān de.
나는 자전거를 타고 출근해요.

2 ▶ 除了A以外, 还 B

▶ 除了A以外, 还 B는 'A외에 B도 역시'라는 의미로 내용을 추가적으로 더 이야기할 때 사용하는 표현으로 앞에 언급한 것 (除了A以外) 이외 추가적으로 다른 것이 더 있음 (还 B)을 사용합니다.

除了报纸以外, 还可以上58同城找租房广告。
Chúle bàozhǐ yǐwài, hái kěyǐ shàng wǔbātóngchéng zhǎo zūfáng guǎnggào.
신문 외에도 58동성에도 많은 임대광고를 찾을 수 있어요.

除了汉语以外, 我还会说一点儿日语。
Chúle hànyǔ yǐwài, wǒ hái huì shuō yìdiǎnr rìyǔ.
나는 중국어 외에 일본어도 조금 할 줄 알아요.

除了游泳以外, 我还喜欢爬山。
Chúle yóuyǒng yǐwài, wǒ hái xǐhuān páshān.
나는 수영 이외에도 등산도 좋아해요.

3 　其实

▶ 其实는 말하려는 상황이 사실임을 강조하며, 앞서 말한 것에 대해 수정이나 보충을 할 경우 사용합니다. 서술어나 주어 앞에 쓰입니다.

其实这段时间, 你经常加班, 也有影响。
Qíshí zhèduàn shíjiān, nǐ jīngcháng jiābān, yě yǒu yǐngxiǎng.
사실 요즘 계속 야근 하는 것도 영향이 있어요.

其实我只是听过, 但是没去过。
Qíshí wǒ zhǐshì tīngguò, dànshì méi qùguò.
사실 나는 오직 들어본 적만 있고 가본 적은 없어요.

其实来北京以后, 我一直都没回过韩国。
Qíshí lái běijīng yǐhòu, wǒ yìzhí dōu méi huíguò Hánguó.
사실 나는 베이징에 온 이후 계속 한국에 돌아가지 않았어요.

4 　或者A或者B

▶ 或者A或者B는 '혹은 A 혹은 B'라는 의미로 선택을 나타낼 때 사용합니다.

你或者休息休息, 或者去医院看看吧。
Nǐ huòzhě xiūxi xiūxi, huòzhě qù yīyuàn kànkan ba.
당신은 쉬든지 아니면 병원에 가보세요.

或者今天, 或者明天, 我都行。
Huòzhě jīntiān, huòzhě míngtiān, wǒ dōu xíng.
오늘이든 내일이든 저는 다 됩니다.

咱们或者吃中国菜, 或者吃韩国菜。
Zánmen huòzhě chī zhōngguó cài, huòzhě chī hánguó cài.
우리 오늘 중국요리 먹든지 아니면 한국요리 먹어요.

07 | 语法 연습

1 녹음을 듣고 <보기>에서 올바른 단어를 골라 문장을 완성해보세요. 🎧

<보기>
A. **报纸** bàozhǐ
B. **同屋** tóngwū
C. **其实** qíshí
D. **戴** dài

❶ 经理每天早上看(　)。

❷ (　)我不太会游泳。

❸ 我觉得(　)眼镜很不方便。

❹ 我的(　)是个法国人。

2 녹음을 듣고 그림과 일치하면 O, 일치하지 않으면 X로 표시하세요. 🎧

❶

❷

❸

3 다음 문장을 중국어로 작성해보세요.

❶ 6월 4일에 이사할 예정입니다. **(打算, 搬家)**

❷ 요즘 신문을 보는 사람이 점점 적어집니다. **(报纸, 越来越)**

❸ 오늘이든 내일이든 저는 다 됩니다. **(或者~或者, 都行)**

❹ 안경 쓴 사람은 우리 사장님입니다. **(戴, 眼镜)**

4 다음 대화를 완성하세요.

❶

A: **在韩国搬家方便吗?**
한국에서 이사할 때는 편한가요?

B: _____
한국에서 이사할 때는 편해요.

A: **你打算什么时候搬家吗?**
언제 이사하려고요?

B: _____
저는 모레 이사하려고요.

❷

A: **你喜欢看报纸吗?**
신문 보는 것을 좋아해요?

B: _____
저는 인터넷에서 신문 보는 것을 좋아해요.

A: **除了报纸以外, 你还喜欢看什么?**
신문 보는 거 이외에 좋아하는 것이 있나요?

B: _____
신문 보는 것 이외에 저는 역사책 보는 것을 좋아해요.

08 | 汉字 쓰기

房子 fángzi 집

戴 dài 착용하다

眼镜 yǎnjìng 안경

其实 qíshí 사실

或者 huòzhě 혹은

✅ 중국의 개미족 - 蚁族

중국에서는 최근 개미족 즉 (蚁族)이라는 신조어가 생겼습니다. 이 말의 유래는 마치 개미들이 당속에 복잡한 집을 지어놓고 옹기종기 모여 산다는 말로 한국의 벌집촌과 같은 말입니다. 개미족은 중국에서 1980년대에 대어난 젊은이 중 학력은 높지만 취업난으로 인하여 허름한 집에 모여 사는 등 빈곤한 삶을 사는 이들을 칭하는 말입니다. 대도시에서의 취업을 원하는 대졸자들은 취업난이 심해지자 도시에서 저소득 임시 직종에 종사하거나 반실업 또는 실업의 상태에 처해 빈곤에 허덕이게 되었는데 개미족은 농민·농민공·해고·노동자와 함께 4대 취약층으로 분류되고 있습니다.

특히 베이징, 상하이, 광저우, 선전 같은 주요 일선 도시에서는 취업자들이 더 많이 모려있으며 따라서 거주환경도 더욱 빈약합니다. 얼마전 중국에서《개미족의 분투》라는 드라마를 방송하면서 더욱 더 화제가 되었습니다. 드라마는 중국의 80년대 이후 출생자들의 사회 역경을 극복하고 적응하는 과정을 그린 드라마입니다.

복 습

복습내용

第6课 ~ 第10课

1 녹음을 듣고 다음 질문에 알맞은 답을 고르세요.

| A. 担心 | B. 突然 | C. 只是 | D. 希望 | E. 其实 |

❶ (　　)下雨了，你有雨衣吗？

❷ 别(　　)，我一定陪你去。

❸ (　　)我已经喝过喝咖啡了。

❹ 我(　　)你每天都这么快乐。

❺ 我没想买，(　　)来看看。

2 녹음을 듣고 알맞은 그림을 선택하세요.

❶ 　　　A　　　　　　　　　　B

┈┈➤ 你怎么打的车？（　　）

❷ 　　　A　　　　　　　　　　B

┈┈➤ 什么东西坏了？（　　）

❸ A　　　　　　　　　　B

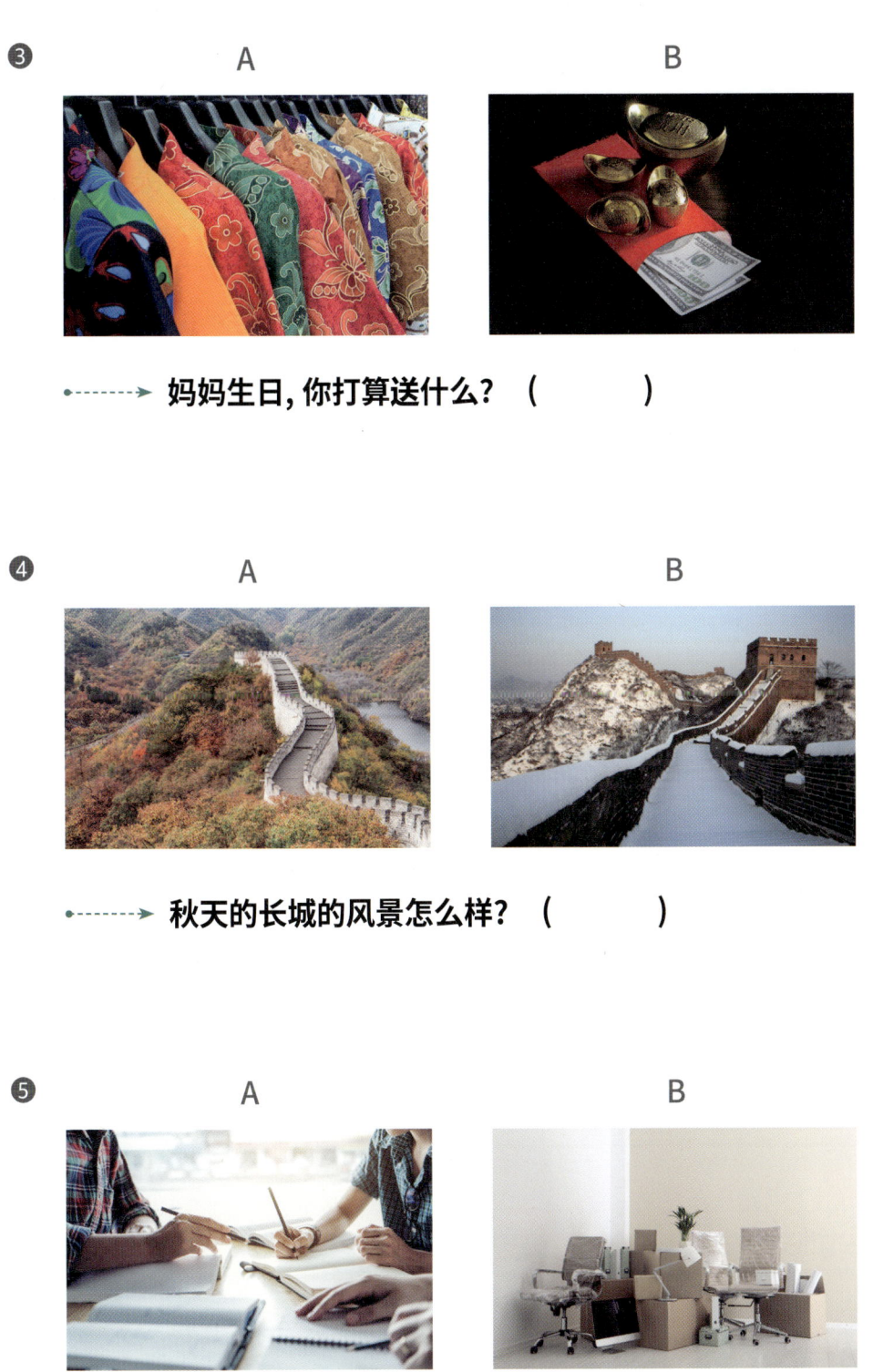

┄┄▶ 妈妈生日，你打算送什么？（　　　）

❹ A　　　　　　　　　　B

┄┄▶ 秋天的长城的风景怎么样？（　　　）

❺ A　　　　　　　　　　B

┄┄▶ 下个月他打算做什么？（　　　）

3 밑줄에 들어갈 알맞은 단어를 골라 문장을 완성해 보세요.

❶ 我在北京工作了一年_____。

    A. 左右　　B. 上下　　C. 前后　　D. 里外

❷ 我____看历史书，____头疼。

    A. 一边…一边　　B. 因为…所以　　C. 一…就　　D. 要是…就

❸ 我已经来北京半年了，____还不习惯一个人生活。

    A. 因为…所以　　B. 如果…就　　C. 一…就　　D. 虽然…但是

❹ ____现在的孩子比大人更忙?

    A. 谁　　B. 什么　　C. 为什么　　D. 哪儿

❺ 我们公司除了我以外，____是中国人。

    A. 都　　B. 还　　C. 才　　D. 也

4 다음 문장을 중국어로 완성해보세요.

❶ 당신은 왜 이제서야 왔어요.

❷ 너무 피곤해요, 오늘 겨우 일어났어요.

❸ 이번 크리스마스에 눈이 내릴까요?

❹ 설날 때 나는 가족과 함께 여행갈 예정이에요.

❺ 주말에 나는 집에서 쉬거나 아니면 친구를 만나요.

5 다음 4개의 연속된 그림과 그림에 해당되는 키워드를 보고, 하나의 이야기를 만들어 말해보세요.

❶

Keyword 妈妈生日

❷

Keyword 送礼物

❸

Keyword 红包蛋糕

❹

Keyword 高兴

부 록

주요내용

문제답안
新HSK 3급 단어

第1课

연습문제 21~22p

1

답안

1. C 2. A 3. D 4. B

2

듣기 대본

1. A：周末过得怎么样？
   B：我在家休息了。
2. A：今天天气怎么样？
   B：今天空气很不好。
3. A：最近越来越胖了。
   B：我们该运动了。

답안

1. X 2. O 3. O

3

답안

1. 最近天气越来越暖和了。
2. 因为没有钱，所以去银行。
3. 好久没去旅行了。
4. 该下班了。

4

답안

1. B：周末我跟家人一起看电影了。
   A：周末我在家休息了。
2. B：我常常去健身房运动。
   B：我去的健身房人很多。

第2课

연습문제 33~34p

1

답안

1. C 2. B 3. D 4. A

2

듣기 대본

1. A：老板我星期三想请假。
   B：好的，那你星期三休息吧。
2. A：你怎么去出差？
   B：我坐飞机出差。
3. A：他们可以说汉语吗？
   B：可以，他们都学过汉语。

답안

1. X 2. O 3. O

3

답안

1. 我得运动了。
2. 你不可以坐这儿。
3. 经理对我很好。
4. 多吃一点儿。

4

답안

1. B：明天我得加班。
2. B：我已经习惯了。
   B：他们对我都很好。

第3课

연습문제   45~46p

1
답안
1. C   2. D   3. A   4. B

2
듣기 대본

1. A：公司让你去哪儿?
   B：让我去上海出差。
2. A：你怎么上下班?
   B：有时候坐公交车,
      有时候坐出租汽车。
3. A：最近天气怎么样?
   B：最近总是下雨。

답안
1. O   2. O   3. X

3
답안
1. 我吃过一次羊肉串。
2. 爸爸让我现在回家。
3. 有时候冷, 有时候热。
4. 他总是很高兴。

4
답안
1. B：我去过两次。
   A：北京的景色怎么样?
2. A：现在的工作怎么样?
   B：最近公司不加班。

第4课

연습문제   57~58p

1
답안
1. A   2. D   3. B   4. C

2
듣기 대본

1. A：你工作多长时间了?
   B：我工作了十分钟。
2. A：最近工作怎么样?
   B：我一直都加班。
3. A：为了健康, 你做什么?
   B：为了健康, 我8点前睡觉。

답안
1. X   2. O   3. O

3
답안
1. 我做运动做了1个小时。
2. 我太累, 所以一直睡觉了。
3. 为了妈妈的生日, 我做菜了。
4. 如果有时间的话, 我们一起吃饭吧。

4
답안
1. B：我六点半起床。
   A：昨天我睡了7个小时。
2. B：为了健康我常常运动。
   A：为了健康我吃健康的菜。

第5课

연습문제 69~70p

1
답안

1. A 2. C 3. D 4. B

2
듣기 대본

1. A：照片里的这个人是谁?
   B：她是我妈妈。
2. A：这儿的的环境怎么样?
   B：这儿的环境很安静。
3. A：她在做什么?
   B：她一边看, 一边喝咖啡呢。

답안

1. X 2. X 3. O

3
답안

1. 你越来越年轻了。
2. 我以为你下班了。
3. 公司附近的环境很好。
4. 你每天拍照片吗?

4
답안

1. B：这个人是我爱人。
   A：他看起来很年轻。
2. B：我很喜欢拍照片。
   B：我喜欢在环境好的地方拍照片。

복습1

연습문제 74~78p

1
답안

1. D 2. C 3. E
4. B 5. A

2
듣기 대본

1. A：你周末做什么了?
   B：天气很好, 我去公园运动了。
2. A：明天有事吗?
   B：我得去机场接朋友。
3. A：你每天喝什么?
   B：我习惯每天喝牛奶。
4. A：你每天坐多长时间地铁?
   B：我每天做半个小时。
5. A：昨天你去的那家饭店环境怎么样?
   B：那家饭店环境很好, 又大又干净。

답안

1. A 2. B 3. B
4. B 5. A

3
답안

1. B 2. D 3. C
4. A 5. B

복습 1

4

답안

1. 已经11点了, 该睡觉了。
2. 同事们对我都很好。
3. 我去过两次首尔。
4. 我每天工作八个小时。
5. 我以为你去出差了。

5

답안

周末我坐飞机去了上海旅行。
上海的天气特别好。
我见了我的朋友,
跟他们一起吃了好吃的东西。
而且还拍了很多好看的照片。

第6课

연습문제　　　　　　　87~88p

1

답안

1. A　　2. C　　3. D　　4. B

2

듣기 대본

> 1. A：这菜怎么样?
>   B：这菜很好吃, 可是太辣了。
> 2. A：滴滴打车怎么样?
>   B：很方便,
>   　　而且可以知道需要的时间。
> 3. A：现在几点了?
>   B：现在才7点左右。

답안

1. O　　2. O　　3. X

3

답안

1. 喂, 您好, 是李经理的手机吗?
2. 明天晚上8点有足球比赛。
3. 没有手机很不方便。
4. 你会看地图吗?

4

답안

1. B：我用滴滴打车。
   B：滴滴打车很方便。
2. B：您好, 我是李明。
   B：我能去, 明天见。

第7课

연습문제   99~100p

1

답안

1. D   2. B   3. A   4. C

2

듣기 대본

1. A：怎么了？
   B：我的手机坏了。
1. A：你觉得汉语怎么样？
   B：汉语很容易，而且很有意思。
1. A：周末你做什么？
   B：一到周末就爬山。

답안

1. O   2. X   3. X

3

답안

1. 空调开着，可是很热。
2. 你的脸很红，怎么了？
3. 她一直都很认真工作。
4. 终于下班了。

4

답안

1. B：我的办公室在8层。
   B：我一般坐电梯。
2. B：我很喜欢历史。
   B：有意思是有意思，不过很难。

第8课

연습문제   111~112p

1

답안

1. B   2. A   3. D   4. C

2

듣기 대본

1. A：爸爸生日，你要送他什么礼物？
   B：我打算送他一个大红包。
2. A：中国人生日吃什么？
   B：我们吃面条。
3. A：这条裤子怎么样？
   B：这条裤子很漂亮。

답안

1. O   2. X   3. X

3

답안

1. 爱人生日我没准备什么。
2. 虽然天气很好，但是很冷。
3. 新手机好是好，只是有点儿贵。
4. 别担心，明天我一定会去。

4

답안

1. B：我的生日是4月9号。
   B：我想要红包。
2. B：我常常去百货商店。
   B：行啊，明天见！

第9课

연습문제 123~124p

1

답안

1. D 2. A 3. C 4. B

2

듣기 대본

1. A：香山公园的秋天真的美极了。
   B：是啊, 树都红了。
2. A：你看, 树上长了很多柿子。
   B：韩国的秋天也有很多柿子。
3. A：你用照相机拍照片吗?
   B：不, 我用手机拍照片。

답안

1. X 2. O 3. X

3

답안

1. 经理说大家一起吃晚饭。
2. 我小的时候很喜欢唱歌。
3. 这菜是我做的。
4. 其实我已经看过这部电影了。

4

답안

1. B：我没想过。
      不过秋天的香山美极了。
   B：我得带上照相机。
2. B：很多, 我喜欢柿子。
   A：我也喜欢柿子。

第10课

연습문제 135~136p

1

답안

1. A 2. C 3. D 4. B

2

듣기 대본

1. A：周末你打算做什么?
   B：我打算搬家。
2. A：你每天看报纸吗?
   B：我看报纸。
3. A：你爷爷戴眼镜吗?
   B：是的, 他戴眼镜。

답안

1. O 2. X 3. O

3

답안

1. 6月4号我打算搬家。
2. 最近看报纸的人越来越少了。
3. 或者今天, 或者明天, 我都行。
4. 戴眼镜的人是经理。

4

답안

1. B：在韩国搬家很方便。
   B：我打算后天搬家。
2. B：我很喜欢在网上看报纸。
   B：除了报纸以外,
      我还喜欢看历史书。

복습 2

연습문제　　　　　　　140~144p

1
답안

1. B　　2. A　　3. E
4. D　　5. C

2
듣기 대본

1. A：今天你是怎么打车的？
   B：我在路上打的车。
2. A：你的电脑怎么了？
   B：我的电脑坏了。
3. A：妈妈生日，你打算送什么礼物？
   B：我打算送她衣服。
4. A：冬天的长城怎么样？
   B：冬天的长城跟画儿一样美。
5. A：下个月你打算做什么？
   B：下个月我打算搬家

답안

1. B　　2. B　　3. A
4. B　　5. B

3
답안

1. A　　2. C　　3. D
4. C　　5. A

4
답안

1. 你怎么现在才来？
2. 太累了，我好不容易才起床。
3. 今年的圣诞节会下雪吗？
4. 春节的时候，
   我打算和家人一起去旅行。
5. 周末我或者在家学习，
   或者见朋友。

5
답안

这个月24号是我妈妈的生日。
我打算送她一件礼物，
可是不知道送什么好？
送红包没什么特别的。
生日那天，
我送了妈妈一个红包蛋糕。
她非常喜欢我的礼物。

新HSK 3급 단어

번호	중국어	병음	품사	뜻
1	啊	[a]	조사	문장 끝에 쓰여 긍정을 나타냄
2	矮	[ǎi]	형용사	(사람의 키가) 작다
3	爱好	[àihào]	동사	애호하다 / …하기를 즐기다
4	安静	[ānjìng]	형용사	조용하다 / 잠잠하다 / 고요하다 / 적막하다
5	阿姨	[āyí]	명사	아주머니 / 아줌마
6	把	[bǎ]	개사	…으로 / …을(를) 가지고
7	班	[bān]	명사	조 / 그룹 / 반
8	搬	[bān]	동사	(비교적 크거나 무거운 것을) 옮기다 / 운반하다
9	半	[bàn]	수사	절반 / 2분의 1
10	办法	[bànfǎ]	명사	방법 / 수단 / 방식 / 조치 / 방책 / 술책
11	帮忙(儿)	[bāngmáng(r)]	동사	일(손)을 돕다 / 도움을 주다 / 원조하다 / 거들어 주다 / 가세하다
12	办公室	[bàngōngshì]	명사	사무실 / 오피스(office)
13	包	[bāo]	동사	(종이나 베 혹은 기타 얇은 것으로) 싸다 / 싸매다
14	饱	[bǎo]	형용사	배부르다
15	被	[bèi]	동사	덮다
16	北方	[běifāng]	명사	북방 / 북쪽
17	变化	[biànhuà]	동사	변화하다 / 달라지다
18	别人	[biérén]	대명사	(일반적인) 남 / 타인
19	比较	[bǐjiào]	동사	비교하다
20	笔记本	[bǐjìběn]	명사	노트 / 수첩 / 비망록
21	冰箱	[bīngxiāng]	명사	아이스박스
22	比赛	[bǐsài]	명사	경기 / 시합
23	必须	[bìxū]	부사	반드시 …해야 한다 / 꼭 …해야 한다 / 기필코 …해야 한다
24	鼻子	[bízi]	명사	코
25	不但	[búdàn]	접속사	…뿐만 아니라 [일반적으로 뒷절에 而且, 并且 사용]
26	才	[cái]	명사	재능 / 재주 / 자질 / 능력

新HSK 3급 단어

번호	중국어	병음	품사	뜻
27	菜单(儿)	[càidān(r)]	명사	메뉴 / 식단 / 차림표
28	参加	[cānjiā]	동사	(어떤 조직이나 활동에) 참가하다 / 가입하다 / 참여하다 / 참석하다
29	草	[cǎo]	명사	풀 [재배 식물을 제외한 초본 식물의 총칭]
30	层	[céng]	명사	층 [중첩된 것]
31	差	[chà]	형용사	나쁘다 / 표준에 못 미치다 / 좋지 않다
32	超市	[chāoshì]	명사	超级市场(슈퍼마켓)의 약칭
33	成绩	[chéngjì]	명사	(일·학업상의) 성적 / 성과 / 수확
34	城市	[chéngshì]	명사	도시
35	衬衫	[chènshān]	명사	와이셔츠 / 셔츠 / 블라우스
36	迟到	[chídào]	동사	지각하다
37	船	[chuán]	명사	배 / 선박
38	除了	[chúle]	개사	…을(를) 제외하고(는)
39	春	[chūn]	명사	봄 / 봄철 / 춘계
40	词典	[cídiǎn]	명사	사전
41	聪明	[cōngmíng]	형용사	똑똑하다 / 총명하다 / 영리하다 / 영민하다
42	带	[dài]	명사	띠 / 벨트 / 끈 / 밴드 / 테이프 / 리본
43	蛋糕	[dàngāo]	명사	케이크 / 카스텔라
44	当然	[dāngrán]	형용사	당연하다 / 물론이다
45	担心	[dānxīn]	동사	염려하다 / 걱정하다
46	打扫	[dǎsǎo]	동사	청소하다 / 소제하다 / 깨끗이 정리(처리)하다
47	打算	[dǎsuàn]	동사	…할 생각이다(작정이다) / …하려고 하다 / 계획하다 / 고려하다
48	地	[de]	조사	동사 또는 형용사를 수식할 경우에 쓰이며, 정도를 나타내는 부사가 있을 때는 일반적으로 꼭 '地'를 사용
49	灯	[dēng]	명사	등 / 등롱 / 램프 / 라이트 / 랜턴
50	电梯	[diàntī]	명사	엘리베이터
51	电子邮件	[diànzǐyóujiàn]	명사	전자 우편 / 이메일
52	地方	[dìfang]	명사	부분 / 점

新HSK 3급 단어

번호	중국어	병음	품사	뜻
53	地铁	[dìtiě]	명사	지하철(도를 운행하는 열차)
54	地图	[dìtú]	명사	지도
55	东	[dōng]	명사	동쪽 / 동녘 / 동편 / 동방
56	冬	[dōng]	명사	겨울 / 겨울철 / 동계
57	动物	[dòngwù]	명사	동물
58	短	[duǎn]	형용사	(공간적 거리가) 짧다
59	段	[duàn]	양사	단락 / 토막 [사물의 한 부분을 나타냄]
60	锻炼	[duànliàn]	동사	단조하다 / 제련하다
61	多么	[duōme]	부사	얼마나 [감탄문에서 정도가 심함을 나타냄]
62	饿	[è]	형용사	배고프다
63	耳朵	[ěrduo]	명사	귀
64	而且	[érqiě]	접속사	게다가 / 뿐만 아니라 / 또한 [앞에 '不但(bùdàn)'이나 '不仅(bùjǐn)등 호응해서 사용]
65	发	[fā]	동사	보내다 / 건네주다 / 교부하다 / 발급하다 / 부치다 / 발송하다 / 치다 / 내주다
66	放	[fàng]	동사	(자유롭게) 놓아주다 / 풀어 주다 / 석방하다
67	方便	[fāngbiàn]	형용사	편리하다
68	放心	[fàngxīn]	동사	마음을 놓다 / 안심하다
69	发烧	[fāshāo]	동사	열이 나다
70	发现	[fāxiàn]	동사	발견하다 / 알아차리다
71	分	[fēn]	동사	나누다 / 가르다 / 분류하다 / 분리하다 / 구분하다
72	附近	[fùjìn]	형용사	가까운 / 인접한
73	复习	[fùxí]	동사	복습하다
74	刚才	[gāngcái]	명사	지금 막 / 방금 막 / 이제 금방 / 방금 전
75	干净	[gānjìng]	형용사	깨끗하다 / 청결하다 / 말끔하다
76	感冒	[gǎnmào]	명사	감기
77	感兴趣	[gǎnxìngqù]		관심이 있다 / 흥미가 있다 / 좋아하다
78	跟	[gēn]	명사	(~儿) 발뒤꿈치 / (구두) 굽 / 뒷굽 / 양말 뒤축

新HSK 3급 단어

번호	중국어	병음	품사	뜻
79	更	[gèng]	부사	더욱 / 더 / 훨씬 / 한층 더 / 가일층 / 더군다나 / 보다 더
80	根据	[gēnjù]	개사	…에 의거하여 [동작 행위의 근거를 이끌어들임]
81	个子	[gèzi]	명사	(사람의) 키 / 체격
82	公斤	[gōngjīn]		킬로그램(kg)
83	公园	[gōngyuán]	명사	공원
84	刮风	[guāfēng]	동사	바람이 불다
85	关	[guān]	동사	닫다 / 덮다
86	关系	[guānxì]	명사	(사람과 사람 또는 사물 사이의) 관계 / 연줄
87	关心	[guānxīn]	동사	(사람 또는 사물에 대해) 관심을 갖다 / 관심을 기울이다
88	关于	[guānyú]	개사	…에 관해서[관하여]
89	过	[guò]	동사	가다 / 건너다 / (지점을) 지나다 / 경과하다
90	国家	[guójiā]	명사	국가 / 나라
91	过去	[guòqù]	동사	지나가다 [화자나 서술 대상이 있는 시점이나 지점을 거쳐 지나감을 나타냄]
92	故事	[gùshi]	명사	이야기 / 옛날 이야기
93	害怕	[hàipà]	동사	겁내다 / 두려워하다 / 무서워하다
94	还是	[háishi]	부사	여전히 / 아직도 / 변함없이 / 원래대로 / 그래도
95	黑板	[hēibǎn]	명사	칠판
96	后来	[hòulái]	명사	그 후 / 그 뒤 / 그 다음
97	花	[huā]	명사	(~儿) 꽃
98	画	[huà]	동사	(그림을) 그리다
99	坏	[huài]	형용사	나쁘다
100	还	[huán]	동사	돌아가다 / 돌아오다 / (원상태로) 되돌아가다 / 환원하다
101	换	[huàn]	동사	교환하다
102	黄河	[Huánghé]	명사	황허(黄河)
103	环境	[huánjìng]	명사	환경

新HSK 3급 단어

번호	중국어	병음	품사	뜻
104	欢迎	[huānyíng]	동사	환영하다 / 기쁘게 맞이하다(영접하다)
105	回答	[huídá]	동사	대답하다 / 회답하다 / 응답하다
106	会议	[huìyì]	명사	회의 [여럿이 모여 의논함. 또는 그런 모임]
107	或者	[huòzhě]	부사	아마 / 어쩌면 / 혹시 (…인지 모른다)
108	护照	[hùzhào]	명사	여권
109	极	[jí]	명사	정점 / 절정 / 최고점 / 꼭대기 / 끝
110	检查	[jiǎnchá]	동사	검사하다 / 점검하다 / 조사하다
111	简单	[jiǎndān]	형용사	간단하다 / 단순하다
112	讲	[jiǎng]	동사	말하다 / 이야기하다 / 평론하다
113	健康	[jiànkāng]	형용사	건강하다
114	见面	[jiànmiàn]	동사	만나다 / 대면하다
115	教	[jiāo]	동사	(지식 또는 기술을) 전수하다 / 가르치다
116	角	[jiǎo]	명사	(짐승의) 뿔
117	脚	[jiǎo]	명사	발
118	记得	[jìde]	동사	기억하고 있다 / 잊지 않고 있다
119	接	[jiē]	동사	잇다 / 이어지다 / 연결하다 / 연결되다
120	借	[jiè]	동사	빌리다
121	街道	[jiēdào]	명사	거리 / 가두 / 길거리 / 가로 / 대로 / 큰길
122	结婚	[jiéhūn]	동사	결혼하다
123	解决	[jiějué]	동사	해결하다 / 풀다
124	节目	[jiémù]	명사	프로그램(program) / 종목 / 항목
125	节日	[jiérì]	명사	(국경일 따위의 법정) 기념일 / 경축일
126	结束	[jiéshù]	동사	끝나다 / 마치다 / 종결하다 / 종료하다 / 마무르다
127	几乎	[jīhū]	부사	거의 / 거의 모두 / 거진 다
128	机会	[jīhuì]	명사	기회 / 시기 / 찬스
129	季节	[jìjié]	명사	계절 / 철 / 절기
130	经常	[jīngcháng]	명사	평소 / 평상 / 보통 / 일상

新HSK 3급 단어

번호	중국어	병음	품사	뜻
131	经过	[jīngguò]	동사	경유하다 / 통과하다 / 지나다 / 거치다
132	经理	[jīnglǐ]	명사	(기업의) 경영 관리 책임자 / 지배인 / 사장 / 매니저(manager)
133	久	[jiǔ]	형용사	오래다 / 시간이 길다
134	旧	[jiù]	형용사	헐다 / 낡다 / 오래다 / 오래 되다
135	决定	[juédìng]	동사	결정(결심·결의·의결)하다
136	句子	[jùzi]	명사	문(文) / 문장
137	渴	[kě]	형용사	목이 타다 / 목마르다 / 갈증나다
138	刻	[kè]	동사	새기다 / 조각하다
139	可爱	[kě'ài]	형용사	사랑스럽다 / 귀엽다
140	客人	[kèrén]	명사	손님 / 방문객
141	空调	[kōngtiáo]	동사	(에어컨으로) 공기를 조절하다
142	口	[kǒu]	명사	입
143	哭	[kū]	동사	(소리내어) 울다
144	筷子	[kuàizi]	명사	젓가락
145	裤子	[kùzi]	명사	바지
146	蓝	[lán]	형용사	남색의 / 남빛의
147	老	[lǎo]	형용사	늙다
148	脸	[liǎn]	명사	얼굴
149	辆	[liàng]	양사	대 / 량 [차량을 세는 단위]
150	练习	[liànxí]	동사	연습하다 / 익히다
151	了解	[liǎojiě]	동사	자세하게 알다 / 이해하다
152	聊天	[liáotiān]		잡담 / 한담 / 채팅
153	离开	[líkāi]	동사	떠나다 / 벗어나다 / 헤어지다
154	邻居	[línjū]	명사	이웃집 / 이웃 사람
155	历史	[lìshǐ]	명사	역사
156	留学	[liúxué]	동사	유학하다
157	礼物	[lǐwù]	명사	선물 / 예물

新HSK 3급 단어

번호	중국어	병음	품사	뜻
158	楼	[lóu]	명사	(이층 이상의) 다층 건물 / 층집 / 층옥
159	绿	[lǜ]	형용사	푸르다
160	马	[mǎ]	명사	말
161	满意	[mǎnyì]	형용사	만족하다 / 만족스럽다 / 흡족하다
162	帽子	[màozi]	명사	모자
163	马上	[mǎshàng]	부사	곧 / 즉시 / 바로 / 금방
164	米	[mǐ]	명사	쌀
165	面包	[miànbāo]	명사	빵
166	明白	[míngbai]	동사	알다 / 이해하다
167	拿	[ná]	동사	(손으로) 쥐다 / 잡다 / 가지다
168	奶奶	[nǎinai]	명사	할머니 [자기 할머니를 가리킴]
169	南	[nán]	명사	남 / 남쪽
170	难	[nán]	형용사	어렵다 / 힘들다 / 곤란하다
171	难过	[nánguò]	형용사	고통스럽다 / 괴롭다 / 슬프다 / 견디기 어렵다
172	年级	[niánjí]	명사	학년
173	年轻	[niánqīng]	형용사	젊다 / 어리다
174	鸟	[niǎo]	명사	새 / 날짐승
175	努力	[nǔlì]	동사	노력하다 / 힘쓰다 / 열심히 하다
176	胖	[pàng]	형용사	(몸이) 뚱뚱하다
177	盘子	[pánzi]	명사	쟁반
178	爬山	[páshān]	동사	산을 오르다 / 등산하다
179	啤酒	[píjiǔ]	명사	맥주
180	瓶子	[píngzi]	명사	병
181	皮鞋	[píxié]	명사	가죽 구두
182	骑	[qí]	동사	(동물이나 자전거 등에) 타다
183	起飞	[qǐfēi]	동사	(비행기·로켓 등이) 이륙하다
184	奇怪	[qíguài]	형용사	기이하다 / 이상하다 / 괴이하다
185	起来	[qǐlai]	동사	(잠자리에서) 일어나다

新HSK 3급 단어

번호	중국어	병음	품사	뜻
186	清楚	[qīngchu]	형용사	분명하다 / 조리있다 / 알기 쉽다 / 명백하다 / 뚜렷하다
187	请假	[qǐngjià]	동사	(휴가·조퇴·외출·결근·결석 등의 허락) 신청하다
188	其实	[qíshí]	부사	기실 / 사실
189	其他	[qítā]	대명사	(사람·사물에 쓰여) 기타 / 다른 사람(사물)
190	秋	[qiū]	명사	가을
191	裙子	[qúnzi]	명사	치마 / 스커트
192	然后	[ránhòu]	접속사	그런 후에 / 연후에 / 그 다음에
193	认为	[rènwéi]	동사	여기다 / 생각하다 / 보다 / 인정하다
194	认真	[rènzhēn]	형용사	진지하다 / 착실하다 / 진솔하다
195	热情	[rèqíng]	형용사	열정적이다 / 친절하다 / 다정하다
196	容易	[róngyì]	형용사	쉽다 / 용이하다
197	如果	[rúguǒ]	접속사	만약 / 만일
198	伞	[sǎn]	명사	우산
199	上网	[shàngwǎng]	동사	인터넷을 하다 / 인터넷을 연결하다
200	生气	[shēngqì]	동사	화내다 / 성나다
201	声音	[shēngyīn]	명사	소리 / 목소리
202	试	[shì]	동사	시험삼아 해 보다 / 시험하다 / 시행(試行)하다
203	世界	[shìjiè]	명사	세계 [지구상의 모든 곳]
204	瘦	[shòu]	형용사	마르다 / 여위다
205	树	[shù]	명사	나무 / 수목
206	双	[shuāng]	양사	짝 / 켤레 / 쌍 / 매
207	刷牙	[shuāyá]	동사	이를 닦다 / 양치질하다
208	舒服	[shūfu]	형용사	(몸·마음이) 편안하다 / 쾌적하다 / 가볍다 / 가뿐하다 / 홀가분하다 / 유쾌하다
209	水平	[shuǐpíng]	명사	수평
210	叔叔	[shūshu]	명사	숙부 / 작은아버지 / 삼촌
211	数学	[shùxué]	명사	수학
212	司机	[sījī]	명사	(자동차·전차·기차 등의) 기사 / 운전사 / 기관사 / 조종사

新HSK 3급 단어

번호	중국어	병음	품사	뜻
213	太阳	[tàiyáng]	명사	태양 / 해
214	特别	[tèbié]	형용사	특별하다 / 특이하다 / 별다르다 / 보통이 아니다
215	疼	[téng]	형용사	아프다
216	甜	[tián]	형용사	(설탕이나 꿀처럼) 달다 / 달콤하다
217	条	[tiáo]	명사	(~儿) 가늘고 긴 것 / 폭이 좁고 긴 것
218	提高	[tígāo]	동사	(위치·수준·질·수량 등을) 제고하다 / 향상시키다 / 높이다 / 끌어올리다
219	体育	[tǐyù]	명사	체육
220	同事	[tóngshì]	동사	한 직장에서 같이 일하다 / 함께 일하다
221	同意	[tóngyì]	동사	동의하다 / 찬성하다 / 승인하다 / 허락하다
222	头发	[tóufa]	명사	머리카락 / 두발 / 머리털
223	腿	[tuǐ]	명사	다리
224	突然	[tūrán]	부사	갑자기 / 문득 / 난데없이 / 느닷없이 / 불쑥 / 돌연히 / 홀연히
225	图书馆	[túshūguǎn]	명사	도서관
226	万	[wàn]	수사	만 / 10000
227	碗	[wǎn]	명사	사발 / 공기 / 주발 / 그릇
228	完成	[wánchéng]	동사	완성하다 / (예정대로) 끝내다 / 완수하다
229	忘记	[wàngjì]	동사	(지난 일을) 잊어버리다
230	为	[wèi]	개사	…에게(…을 해 주다) / …을 위하여(…을 하다)
231	位	[wèi]	명사	자리 / 곳 / 위치
232	为了	[wèile]	개사	…을(를) 하기 위하여
233	文化	[wénhuà]	명사	문화
234	西	[xī]	명사	서쪽
235	夏	[xià]	명사	여름
236	先	[xiān]	명사	원래 / 처음
237	向	[xiàng]	개사	…(으)로 / …에게 / …을(를) 향하여
238	像	[xiàng]	동사	같다 / 비슷하다 / 닮다

新HSK 3급 단어

번호	중국어	병음	품사	뜻
239	香蕉	[xiāngjiāo]	명사	바나나
240	相信	[xiāngxìn]	동사	믿다 / 신임하다 / 신뢰하다
241	小心	[xiǎoxīn]	동사	조심하다 / 주의하다 / 신중하게 하다
242	校长	[xiàozhǎng]	명사	학교장 [(초·중·고교의) 교장 / (단과대학의) 학장 / (대학의) 총장]
243	习惯	[xíguàn]	명사	버릇 / 습관 / 습성 / 풍습 / 관습
244	行李箱	[xínglǐxiāng]	명사	트렁크 / 화물칸 / 여행용 가방
245	新闻	[xīnwén]	명사	(매스컴의) 뉴스
246	新鲜	[xīnxiān]	형용사	(야채·과일 등을 갓 따서) 신선하다 / 싱싱하다
247	信用卡	[xìnyòngkǎ]	명사	신용 카드 / 크레디트카드(credit card)
248	熊猫	[xióngmāo]	명사	슝마오 / 팬더 [중국 상하이(上海)의 고급 담배]
249	洗手间	[xǐshǒujiān]	명사	화장실
250	洗澡	[xǐzǎo]	동사	목욕하다 / 몸을 씻다
251	选择	[xuǎnzé]	동사	고르다 / 선택하다
252	需要	[xūyào]	동사	필요하다 / 요구되다
253	要求	[yāoqiú]	동사	요구하다 / 요망하다
254	爷爷	[yéye]	명사	할아버지 / 조부
255	一般	[yìbān]	형용사	보통이다 / 일반적이다 / 평범하다
256	一边(儿)	[yìbiān(r)]	명사	한쪽 / 한 편 / 한 면
257	一定	[yídìng]	부사	반드시 / 필히 / 꼭
258	一共	[yígòng]	부사	모두 / 전부 / 합계
259	一会儿	[yíhuìr]	명사	짧은 시간 / 잠깐 동안 / 잠시
260	应该	[yīnggāi]	동사	…해야 한다 / …하는 것이 마땅하다
261	影响	[yǐngxiǎng]	동사	영향을 주다(끼치다)
262	银行	[yínháng]	명사	은행
263	饮料	[yǐnliào]	명사	음료
264	音乐	[yīnyuè]	명사	음악
265	以前	[yǐqián]	명사	과거 / 이전 / 예전

新HSK 3급 단어

번호	중국어	병음	품사	뜻
266	一样	[yíyàng]	형용사	같다 / 동일하다 / 한 가지이다
267	一直	[yìzhí]	부사	계속 / 줄곧 [동작 혹은 상태가 지속됨을 나타냄]
268	用	[yòng]	동사	쓰다 / 사용하다 / 고용하다 / 임용하다
269	又	[yòu]	부사	또 / 다시 / 거듭 [어떤 동작이나 상황이 중복되거나 계속됨을 나타냄]
270	有名	[yǒumíng]	형용사	유명하다 / 명성이 높다 / 이름이 널리 알려지다
271	游戏	[yóuxì]	명사	게임
272	元	[yuán]	형용사	시작의 / 처음의 / 첫째의
273	愿意	[yuànyì]	동사	동의하다 / 달가워하다
274	遇到	[yùdào]	동사	만나다 / 마주치다 / 부딪치다 / 부닥치다 / 맞닥뜨리다 / 봉착하다
275	越	[yuè]	동사	넘다 / 뛰어넘다
276	月亮	[yuèliang]	명사	달
277	站	[zhàn]	동사	서다 / 바로 서다
278	张	[zhāng]	동사	열다 / 펼치다
279	长	[zhǎng]	동사	자라다
280	照顾	[zhàogù]	동사	보살피다 / 돌보다 / 간호하다
281	着急	[zháojí]	동사	조급해하다 / 안달하다 / 안타까워하다 / 초조해하다 / 마음을 졸이다
282	照片	[zhàopiàn]	명사	사진
283	照相机	[zhàoxiàngjī]	명사	사진기 / 카메라
284	只	[zhī]	형용사	단수의 / 단 하나의 / 아주 적은 / 홑의
284	只	[zhī]	부사	단지 / 다만 / 오직 / 겨우 / 한갓 ['仅仅(jǐnjǐn)'에 상당함]
285	只有	[zhǐyǒu]	동사	…만 있다 / …밖에 없다
286	种	[zhǒng]	명사	종자 / 열매 / 씨(앗)
287	中间	[zhōngjiān]	명사	중간
288	中文	[Zhōngwén]	명사	중국의 언어와 문자
289	重要	[zhòngyào]	형용사	중요하다
290	终于	[zhōngyú]	부사	마침내 / 결국 / 끝내

新HSK 3급 단어

번호	중국어	병음	품사	뜻
291	周末	[zhōumò]	명사	주말
292	主要	[zhǔyào]	형용사	주요한 / 주된
293	注意	[zhùyì]	동사	주의하다 / 조심하다
294	自己	[zìjǐ]	대명사	자기 / 자신 / 스스로
295	自行车	[zìxíngchē]	명사	자전거
296	总是	[zǒngshì]	부사	늘 / 줄곧 / 언제나
297	嘴	[zuǐ]	명사	입의 속칭
298	最后	[zuìhòu]	형용사	최후의 / 맨 마지막의
299	最近	[zuìjìn]	명사	최근 / 요즈음 / 일간
300	作业	[zuòyè]	명사	숙제 / 과제